司法福祉と仏教

司法福祉と仏教

桑原洋子　吉元信行　東 一英　新居澄子

著

信　山　社

序

司法ソーシャルサービスは、戦後、浮浪児等による犯罪が多発するなかで、家庭裁判所を実施機関として、非行少年対策を中心に実施されてきた。当時、非行は貧困を背景とすることが多かった。ゆえに非行問題を司法機関が規範的に解決に導びき得たとしても、当該児童の背負う問題を必ずしも実体的解決に導びき得るとはいえず、少年非行は社会的・家庭的問題を残したまま増加の一途をたどった。

家庭裁判所は司法機関である。それ故に、司法ソーシャルサービスの対象である者に、たとえその者の健全育成のために人間関係諸科学の知見を用いて援助を行ったとしても、その役割には限界がある。つまり家庭裁判所は、当該児童少年に児童福祉の措置が必要であると認める場合には、社会福祉の実施機関である都道府県知事・児童相談所長に決定をもって事件を送致する（少年法一八条）という構造をとる。一方で知事・児童相談所長は、当該児童少年に行動の自由を制限し、またはその自由を奪うような拘束を伴う強制的措置を必要とする場合には、自らそれを行うことなく家庭裁判所に送致する（少年法六条三項・児童福祉法二七条の三）。このように司法機関と福祉機関はその権限と役割を分けてきたのである。このことは、司法福祉と社会福祉は、ともに福祉という名称を冠しており、またともに児童・少年の健全育成を目的としてはいるが、それぞれ別個の分野であるといえよう。

少年法は、非行少年について成人の犯罪者とは異なる取扱をすること等について規定する法律ではあるが、同法の基本的性格は社会福祉法ではなく刑事立法である。しかし「健全育成」という児童福祉法と同じ理念を導入するために国親思想が必要とされ、刑事法でありながら対審構造はとらず、適正手続については、これを庭裁判所においては厳格には実施してこなかったのである。

非行少年問題は、依然として司法福祉の重要な対象領域ではあるが、少子化問題や簡易送致手続の導入等の影響で、家庭裁判所の取り扱う少年保護事件の送致件数は減少してきている。一方において家庭内人間関係の複雑・多様化を反映し、家事事件は増加してきている。児童少年にかかわる問題についても非行問題に限らず、子の親権者の決定・変更、幼児引渡の調停等の家事事件が件数として増加してきている。

また、離婚調停、調停にかかわる審判、財産分与、親の扶養、相続廃除、寄与分さらには遺産分割といった家族関係を巡る紛争が件数として増えてきている。また、児童・老人・障害者等に対する家族による虐待事件については、その性格上、社会福祉ではなく司法福祉の対象とせざるを得ないことがある。これは、法に基づく司法機関の規範的解決が実態的解決のための前提でなければならない問題だからである。

平成一二年四月より実施される成年後見制度は、老人・障害者等の経済的虐待を防止し、その権利の擁護を目的として創設された制度ではあるが、これは第三者による老人・障害者の財産侵害等に対応するために創設される制度である。したがって親族による財産侵害等から精神の脆弱である者の資産を護るものではない。これに加えて親族相盗例に関する規定は親の物を子が盗んでも処罰されないという矛盾がある。

老人の精神的虐待・身体的虐待・放任等については、民法八九二条の相続廃除の規定によって、老人が自らを護ることは建前としてはできる。しかし虐待等を理由とする家庭裁判所に対する親からの子の相続廃除の申立（推定相続人廃除事件）は、実務上は認容されない場合が多い。それは、司法ソーシャルワーカーである家庭裁判所調査官は親の子に対する宥恕を求めることで、親子関係の修復を期待して、解決をはかろうとする働きかけを行うことが多いからであろう。しかしこのことは親の権利行使に対する介入となる危険がある。
制度の有無を問わず老人虐待の問題については、「法は、家庭に入らず」の原則に司法機関がこだわり続ける限り、問題は解消しない場合がある。それを解決に導びくためには家庭裁判所調査官は、家族関係の実態について詳細に調査を行わねばならない。これはきわめて重要な役割ではあるが、その調査は、現状では、規範的解決を行うための基礎資料の作成に止まり、家族関係の調整もその域を出るものではない。

また家事事件の中で、家庭裁判所に係属する離婚調停・審判事件は、司法福祉の重要な対象領域である。この中でも高齢者離婚事件が最近、徐々に増加してきている。とりわけ夫が定年等により職業から離れ収入を失った後の、妻からの離婚の申立が顕著となってきている。これは女性とくに専業主婦にとっての結婚は、愛情という側面だけで成り立っているのではなく、生活保障としての側面が大きな比重を占めているということである。つまり、妻にとっての結婚は社会保障制度の一部を代替するものである。したがって定年により経済力を失った後の夫は、こうした妻にとって、その価値は半減することになろう。それにもかかわらず、依然として、家事・介護等の役割を担い続けることへの不平等感が妻にはある。それ故、夫の定年にともない従来の生活水準を維持することのできない高齢期における結婚という結びつきは、脆いものになるということである。しかし夫は通常、この状況の変化を認識していない。妻は「自らの分身」であり相手に細やかな心遣いをしなくとも、自分たちの結婚生活は永遠に続くものと錯覚している。つまり夫は自分たちの関係の変化を直視しようとしないのである。このことが妻からの申立による高齢者離婚事件の増加する一つの要因といえよう。

一方で妻は、多くの場合、家を買う・借りる等の契約をはじめとする資産の運用等の対外的な役割は夫に依存しており、社会生活を送る上で基本となる社会的訓練に欠けている。それにもかかわらず、自らのこうした弱点に気付かず夫の存在がひたすら疎ましいことに思いが集中し、離婚を決意することは、判断能力の脆弱化によるものといえることもあるであろう。

ここに夫と妻双方の「思い込み」と「囚われ」があるのである。つまり高齢になった夫婦の離婚の申立は、それが成立した場合、事前の思惑に反して、双方が諸々の「危機」に直面する可能性をもっているのである。離婚自体は、本来、若年・中年・老年を問わず、理由さえあれば、そのことに公的介入を行うべき筋合のものではない。

しかし高齢者離婚をあえて採りあげるのは、法律上意思能力者とされている者にも、加齢にともなう精神の脆弱化が、全体的な状況の判断を誤らせ、その結果、将来、反社会的・非社会的行為を行う虞が生じるのではないかと考えるからである。ここに少年の虞犯行為と共通するものが、高齢者離婚の当事者である夫婦の双方にありはしないかと考えるからである。つまり社会性が未熟なるが故に虞犯行為にいたるのであるとするならば、同様に社会性が疲弊するが故に虞犯が発生すると考え得るということである。それならば、少年事件を取扱うにさいして、今なお基本となっている国親思想に類する理念に基づく援助が、高齢者離婚事件の当事者に必要ではなかろうかと考える。

国親思想とは、国家と個人は相対立するものではないという考え方に立脚して、少年の利益のために、国が少年の保護者としての立場に立ち、介入し、少年の権利を制限することを是認することをいう。司法ソーシャルワーカーである家庭裁判所調査官は、この立場に立って少年保護事件の調査等を行っている。少年は、その精神の未発達ゆえに特別な保護が必要なのであり、一方で高齢者は、加齢にともなう精神の脆弱化ゆえに同様な保護が必要となる場合があるのである。少年の権利の保障という視点からは、少年保護事件についても適正手続を保障すべきであり、国親思想に基づく国家の関与は合法とすべきではないという見解があり、その方向に向けての改正の動向はある。こうした動向に反して、国親思想を高齢者離婚事件にまで拡大して適用しようとすることには、批判があろう。しかしこうしたケースについては、その者の利益のために一定の制約もまた必要となるのではないかと考える。つまり司法福祉の対象である者の真実の権利を擁護するためには、こうした保護と制約が必要な場合が出てくる。

家庭裁判所に申立られた高齢者離婚事件の調査をし面接を行うにあたって、司法ソーシャルワーカーである家庭裁判所調査官が、できるかぎり当事者の離婚を回避したいという立場で関与・介入することは、高齢者の離婚する権利を制約することにはなる。しかし当事者双方の生活暦・生活能力・人間関係・社会性等を勘案して、こうした介入を行うことは、ケースによっては必要であると考える。

ただ介入は、たとえ対象者の権利擁護という目的で行うにしても、それは制約であり、対象者がこれを受容するとは限らない。そこで司法ソーシャルワーカーがどのような視座で介入するかが問われることになる。家庭裁判所調査官が権威にもとづく援助者として介入・援助を行うのであるならば、たとえその内容が当事者双方の今後の人生を慮《おもんぱか》ったものであったとしても、果して受容されるであろうか。つまり家庭裁判所調査官と対象者が、援助者と被援助者という縦の人間関係にある限りは、その助言は当事者に受容されはしないであろう。従来のソーシャルワークという対人援助技術の限界は、ここにあるといえよう。

それならば、どのような立場に立って家庭裁判所調査官は高齢で、離婚をしようとしている当事者双方に援助を行わねばならないのであろうか。ここに仏教でいう「一如《いちにょ》」の関係が司法ソーシャルワーカーと対象者の間に必要となろう。老人は人生の歴史を背負って生きているのであり、それを背景とした頑固さと自己主張をもっており、自らは正しく、そのことを人に認めて欲しいと思っている。このことを充分に認識しなければならない。その上で、家庭裁判所調査官と当事者は、援助者と被援助者という関係ではなくブッダのいう「同苦同悲の情」にもとづいて、同じゲシュタルトに立って向き合わねばならないのである。それは、ワーカーが当事者から人間の情理を学ぶということでもある。これにより家庭裁判所調査官の真情は対象者に受容される可能性が生じる。つまり問題解決への糸口が見つかるのである。これが仏教理念にもとづく対人援助の基本であり、司法ソーシャルワークの基本とすべき援助方法であろう。

本書では、司法福祉の臨床現場において、対象者にもワーカーにも、こうした仏教理念にもとづくソーシャルワーク導入のニーズがあり、その活用こそが現代家族の危機を克服する有効な方法であることを提言するものである。

我われ日本人の多くは、無意識のうちに日常生活において仏教文化に同化しながら生育してきた。我われが自らの心のあり方を語る時、きわめて自然に仏教理念を語っていることがある。つまり我われは、仏教理念を感性で体得しているのであり、諸外国の仏教研究者が知性にもとづく研鑽をかさねて仏教理念を学ぶのとは異なる。諸外国の仏教研究者が、日本人はその出発時点において優位に立っていると認めるところである。故に我われには、司法福祉研究に仏教理念を活用する責務があるものと考える。

しかしながら仏教は深淵で奥が深く、英国の司法ソーシャルワーカーであるコーデリア・グリムウッドが言っているように、「所詮、我われは、仏教という大きな山の麓をさまよっているに過ぎない」のであるかもしれない。しかし峻険な山も綿密な調査と周到な準備により踏破は可能となろう。

本書においては、司法福祉に何故に仏教理念を活用するべきであるのかについて問題提起を行い、これに仏教が如何に応え得るかについて見解を呈示した。本書のテーマを『司法福祉と仏教』としたのは、こうした理由による。

なお本書は、共著者の一人である吉元信行教授が還暦を迎えられたことを好機として公刊するものである。本来、年長である我われが執筆することは原則に反するが、長年共同研究を続けてきた者として吉元氏の還暦を祝い、この機会に吉元氏と三名の共著として本書を出版することとした。なお、吉元信行氏は、一九九九年秋、保護司としての業績に対して監綬褒章を授与された。

出版事情の厳しい昨今、こうした本書の意図をご理解いただき、出版をご快諾下さいました信山社社長今井貴氏に厚く御礼申し上げる次第である。

二〇〇〇年三月

桑原洋子

目次

目　次

目　　次

1　司法福祉と社会保障法

社会保障法は生存権の理念を具体化する法令の集大成であって、その争いとなった事件については訴願前置主義がとられており、一見して司法福祉とは無関係な領域であるかのような観を呈している。しかしながら社会保障法の適用を受ける者は、司法福祉の対象となる課題をかかえている者である。

1　社会保障法と刑事法

社会保障法と刑事法という、一般に関連がないとみられている二つの異なったカテゴリーに属する法の間に、果たして関連性はないのかについて問題を提示したい。

わが国の社会保障制度は、社会保険、公的扶助、社会福祉、公衆衛生（医療）を形式上は同位のものとして規定しているが、そのなかで公的扶助制度は、他の制度とは性格を異にするものである。公的扶助実施の基本法である生活保護法は、憲法二五条に規定する最低限度の生活を維持することの出来ない者の最後の依存点として、税により、その生活を保障する制度である。ゆえに濫救の幣を防ぐために、対象となる者の厳密な限定を必要としている。その最も安易で経費を要しない方法は、刑罰規定を適用することで濫救を抑制することであろう。たとえば生活保護法八五条は「不実の申請その他の不正な手段により保護を受け、又は他人をして受けさせた者は、三年以下の懲役または三〇万円以下の罰金に処する……」と規定し、同法八六条は、ワーカーの立入調査等を「拒み、妨げ、忌避した者」に同様の罰金を科すると規定している。

これらは生活保護法のなかで刑事法としての性格を有する規定といえるであろう。しかもそれが、ややもすれば看過されがちである同法末尾の「雑則」に置かれている。他の社会保障法においても、罰則について規定した刑事法的性格の規定は、雑則、附則等に置かれており、各法令の末尾に位置づけられている。このことは平成一二年四月より施行される介護保険法においても同様である。とくに介護保険法は「第一四章罰則」という章を設けて刑事法的性格の規定を整備している。

各社会保障法を制定するに当り立法者は、従来からの経験にもとづき、給付に関して、法の適正な実施のためには、罰則による規制が有効であるという認識にもとづき、刑事法としての性格を有する規定を設けたのであろうか。しかも社会保障に関する法律が、刑事法的性格を帯有していることを模糊とするために、法令の末尾に罰則規定を置き、そのことを不明瞭にしたのであろうか。

しかしこの一般に看過されがちな位置におかれている罰則規定は、実務上重要な役割を果しているのである。つまり、不正受給を防止し、公的支出を抑制するという役割である。生存権は、すべての者の権利であると考えていないことの「証」が刑罰規定であろうか。社会保障法の研究においても、なぜ各法律がこうした刑事法的規定を帯有しているかについて関心が向けられるべきであろう。

印象に残る社会保障法の判例としてつぎのようなものがある。ここには司法福祉の解決すべき課題が呈示されている。

Xは胃潰瘍を患い就労不能となり妻も病弱なため生活保護を受給していた。男児二人をもち受給以前の借金が累積しており、その返済に迫られていた。Xは病気であることを伏せて警備保障会社に就労したが福祉事務所にその収入を届け出なかったため生活扶助・教育扶助等がXに支払われ続けていた。Xが稼働収入を得ているとの通報があり、その事実の有無について問い合わせを受けたXは事実を認め保護辞退の手続をとったが、詐欺罪で起訴された。Xは借金に追われており実際の生活は保護基準以下で、保護費を騙取する故意などなかったであろう。しかし裁判所は、Xは生活保護法が規定する届出義務を知っていたはずであり、過分な保護費の入手について欺罔の意思がないとすることはできない、と判断して有罪を言い渡した。

届出義務を怠れば詐欺罪となり得ることをワーカーはXに説明していたであろうか。またXに保護辞退の手続をとらせた段階でなぜ事件を終結させなかったのか。起訴便宜主義に立脚するわが国においては、この事件を不起訴にすることができたのではないか。事件が裁判所に係属すれば有罪とせざるを得ない。検察官の公的扶助受給者に対する惻隠の情の欠如が判断を誤らしめたのではないのか。司法にかかわる者も福祉にかかわる者も人間の存在に対して敬虔であらねばならない。刑事司法にたづさわる者に仏教でいう「同苦同悲の情」が求められるということである

2　研究の基礎は人間的感性にある

社会保障が各国において、国の政策課題となったのは相次ぐ経済恐慌、戦争による国民生活の窮乏、その中から生まれた国民の人権意識によるものである。社会保障の前提となる生存権は基本的人権のなかの社会権であるが、これは受益権としての性格を有するものである。受益権はイエリネックのいう「積極的地位」から生ずる個人の公権である。それは個人が国家権力の発動を求める権利であるから国家に対する「請求権」である。この理

念が「社会保障を発展させる原動力」（荒木誠之）となる。わが国において、社会保障は公的扶助、社会保険に加えて社会手当、社会福祉、公衆衛生、医療等を含めたものとしてとらえられている。

現在、疾病、負傷、障害、死亡、老齢、失業、労働災害、多子その他生活障害の原因となる生活上の事故、あるいは生活困窮そのものに対して国または地方公共団体の責任において行われる社会保障給付をめぐる権利義務関係を中心として、それにともなう行政（管理運営）・財政・組織・訴訟手続などの法律関係を規定する法の集合されたものを社会保障法と呼んでいる。

社会保障とは既述のように生存権の保障を前提として国民の生活を安定させるための国家の政策、あるいはこの政策に基づいて実施される制度をいう。社会保障制度は従来、公的扶助と社会保険によって構成されてきたが、社会保険は勤労者を対象とする社会政策の一環であり、公的扶助はこうした社会政策の対象からはずれた困窮者に対する救貧政策であった。社会保障はこの二つの制度を憲法二五条の生存権理念のもとに統合したものである。故に社会保障が生活障害の原因とする生活上の事故にともなう給付に関する不正受給とそれに対する刑罰規定の適用は、司法福祉の対象領域として規範的解決を前提として実体的解決を必要とする分野であると言えよう。

一方において実態の尊重という社会保障法実施上の原則は、わが国の法律婚主義を形骸化し、いたずらに紛争を招く事態を生じている。たとえば本人が死亡した後、遺族年金が法律上の妻にではなく、「生計を一」にしていた女性に支払われることなどは、わが国が事実婚主義を採るのであるならばともかく、現行の法律婚主義のもとでは重大な混乱を招くおそれがある。なぜ実態を尊重した給付を行うのか、その理由については疑問が残されている。おそらくは生活共同体として生計を一にしている事実を尊重する趣旨であろうが、わが国において民法に立脚する法律婚主義の原則は厳然としてある。この狭間をどう整序するかが司法福祉の課題である。

社会保障は、「はじめに人間ありき」という考え方から法や政策が論じられる。しかし伝統的に法律学はメカニカルなところが重視される学問であり、法律には人間の情意が疎外される要因がある。社会保障法は貧困・失業・疾病等人間の不幸とどう向き合うかが問われる領域である。ゆえに人間的感性が研究の基礎にあらねばならない。ここに仏教司法福祉と共通する精神基盤が必要とされるといえる。

長い伝統をもつ法律学は、古より時代の試練に耐え改廃を重ねた歴史を有する。その伝統が法律学の体系を揺るぎないものとしている。

司法福祉の体系化を試みる研究は、すでに先学によって進められている。しかし戦後に形成された司法福祉論の体系は未だ充分に整備されておらず、学問として未成熟な状態にある。このことは、司法福祉はこれを学ぶ者にとって新しく開拓することの可能な研究領域であるといえよう。

3　史的研究の必要性

司法福祉研究には、史的研究の対象となし得るほどの研究の歴史といえるものがあるか否かについては議論のわかれるところである。しかし、戦後半世紀以上を経過した現在、これについて検討する必要があると考える。

法令は各時代のニーズに促されて形成されるものであり、また時代の要請に対応するためには改廃を繰り返さざるを得ない。これは一定の社会で起こった問題を解決するために、新しい観点から制定された法令が、その制定当時は、積極的意味を持っていたにもかかわらず、社会の変容に伴い、その役割を失うからである。それは新たな時代には新たな問題が発生し、それまでの法令が無意味となるからである。そこに新しい法令制定の機運が生じる。

たとえば、現在問題となっている老人虐待についていうならば、老人福祉法は、被虐待老人の救済措置について規定を設けていない。これは老人福祉法が制定された一九六三年当時、日本の社会は高齢化しておらず、老人虐待が、現在のように顕在化していなかった時期に制定された法律であるからである。その後、三〇余年たった現在、当時とは異なり、人間が精神や身体が脆弱化したあとにおいても長く生きることとなり、家族は長期にわたり高齢者の介護に従事しなければならないという状況が生じた。このことが老人虐待を産む一つの要因となったといえよう。

老人福祉法の制定当時と現在では、社会状況が異なってしまっている。老人の生活問題に対処するために制定された老人福祉法は、社会的な条件や家族観の変化により、現代の老人問題のすべてに対応し得なくなってしまっている。こうした変容のプロセスの的確な認識にもとづいて、司法福祉の研究が進められなければならないのである。

そして法令の変遷過程を考察するに際しては、権力関係、国家体制といったことも無視することはできない。法令の改廃変更は、こうした土壌そのものの中に、新しい法令制定の要望が出てきた場合にのみ可能となる。したがって史的研究は、その法令が制定された当時の社会の動向を把握した上で、はじめて可能となるのであり、「体制維持」の論理として制度がどのように作用するかを研究対象となし得るのである。

歴史は常に動いていくものであり、ニーズもそれにともなって変わるものである。ゆえに、この状況は踏襲されるであろうが、このことを踏まえて、司法福祉の体系を整備していくという課題があるであろう。

史的研究は、司法福祉研究がどのような経緯を経て現在に至ったかという改廃の沿革を客観的に検証するものである。このことが現行の司法福祉のもつ意義・意図を明確にし、更に理論的に確立していく一つの基盤となりうるであろう。

史的研究に加えて、司法福祉の研究には判例研究が重要となろう。判例に示されるのは、具体的ケースについての司法機関の判断である。既述のように法令は、各時期のニーズに促されて制定改廃を重ねてきた。ことに戦後においては、世論を座視することのできない思潮が顕著となった。その世論が、制度形成に反映されたか否かを探る手がかりとして、判例は、好個の資料となるであろう。たとえば、堀木訴訟は児童扶養手当法の改正を促し、朝日訴訟は生活保護基準について再検討を促した。また可部判決（最高裁）は家庭裁判所の司法福祉機関としての機能を再確認させた。

すべての判例が、立法や行政にこうした影響を与えるとはいえないが、司法機関の判断を斟酌せずして司法福祉の学問としての体系の更なる整備にむけての研究はないと考える。その際、最高裁判所の判例に限ることなく、高等裁判所、地方裁判所、家庭裁判所の判例を検討することが重要である。それは、朝日訴訟においても見られるように、下級審の判例が情意を汲むことにおいて濃密であり、解釈が先進的であると考えるからである。こうした判例に到達する過程においてなされる解釈が、司法福祉研究を更に理論化し、体系化する役割を果たすものと考える。


（桑原洋子）

2 高齢社会と司法福祉

1 高齢期に起こること

現在、寿命の延長と少子化により高齢社会が到来して、高齢者対策が政府の基本政策のキーワードの一つになっている。

人間は古くから長寿を求める努力を重ねてきた。これが達成されたのが現在の長寿社会である。しかし、加齢とともに身体や精神の機能が衰えていくのは、人間も生命体として当然のことで、だれもこれを回避することはできない。そしてそれに伴って、思考や行動に障害が生じる。それでも人間は、人間としての尊厳を維持していけるのであろうか。

現行の老人福祉法は老人の定義をしていない。同法の制定草案が審議された第四八通常国会で、老人についても児童と同様に年齢を用いて定義することが、立案者である厚生省から提案された。しかし、「児童と異なり老人の場合、相当の個人差があるため年齢のみで一律に区分することは困難である」という理由で老人の年齢区分はされず、「老人とは強いて言えば六五歳以上の者といえよう」と記録されている。このことは、老人福祉法による福祉の措置の対象となりうる者を、老人とするということである。

福祉行政上はこうした解釈がなされている一方で、「老人とは三Ｓ問題を抱えた者」という見解もある。三Ｓとは Sickness（疾病）、Scarcity（欠乏）、Solution（孤独）をいう。つまり、加齢による心身機能の老化に伴う疾病、転職・離職などによる収入低下がもたらす欠乏、配偶者や友人・知人との死別などがもたらす孤独である。そして、同時に老いは進むが死ねないという現実がある。

わが国の福祉行政は従来から、その将来に期待が持てるものに優先的に公的給付を行う傾向がある。福祉と経済成長が両立し得た高度経済成長期においてもそうであった。つまり、高齢者に対する援助は最低限に抑えることが施策の基本にあり、こうした考えが「在宅福祉」を推進する要因になった。現在のような不況時においては、こうした動向が加速してゆかざるを得ないであろう。

このような状況のもとでは長寿は人間に与えられた「苦」ということになる。科学の進歩は、必ずしも人間の幸せにつながるものとは言えないのである。

人間の終末期は、先に述べたようにすべての者に喪失をもたらす。そして老苦・病苦・死苦等に苛まれる時期であることは誰にとっても同じである。そうであるならば憲法一四条に規定する「すべての国民は、人種、信条、性別、社会的身分又は門地により差別されない」という法の下の平等は、この期において実現するのであろうか。資産の有無、過去の社会的地位や名誉などは、人生の終末期においては意味がなくなる。この期において、人が人間としての尊厳をいかに維持していけるかが高齢社会の課題であると考える。

2　親の扶養

人は社会生活を営むについて、自らの資産や収入によりその生活を維持し、また身辺のケアを自ら行うことが原則である。しかし、さまざまな理由からこれが不可能な者に対して、他の者が行う援助を扶養という。扶養には公的扶養と私的扶養があり、また、経済的扶養と身辺扶養（介護）がある。扶養が必要となるのは、第一に自活することのできる資産・収入がない、第二に心身上の理由で正常な生活が営めない場合である。

明治民法は「家」制度に基づいて、親は子に対して、第一順位の扶養権利者として扶養を請求できると規定していた。長子相続を原則とし、長子は家督・財産相続と引き替えに、親を扶養することが義務づけられていた。したがって明治民法の下では、扶養の程度に格差はあっても、制度上、建前としては親の老後の不安は少なかった。

現行の昭和民法は、「家」制度を廃止して遺産と扶養の交換的関係はなくなった。親に対する子の扶養義務は、自己の生活に余力があれば扶養すればよい生活扶助の義務となり、子の扶養義務は風化していった。つまり親は、子に私的扶養を求めることが期待できなくなったのである。その結果、親が自ら生活を維持することができなくなった場合、生活保護法の適用を求めざるを得ない。

生活保護法は、保護の申請をする者は、自己の資産・能力を活用するに止まらず、私的扶養を行う能力のある親族（息子・娘など）があれば、その者に私的扶養を請求することを前提要件としている。つまり民法に定める扶養義務者の私的扶養は、生活保護に優先して行われねばならないと規定しており（同法四条二項）、このことを親族扶養優先の原則という。

したがって生活保護の申請があれば、保護の実施機関は、申請者の息子や娘らに扶養請求を行う。しかし、子の親に対する扶養義務は生活扶助の義務であるから、自らの生活に余力がないといって、これを断ることができる。このことが、扶養をめぐって親族間に紛争をまき起こし、年を重ねるにしたがって親戚づきあいの少なくなっている高齢の親を、さらに孤立させることになる。

民法は親を婚姻家族の部外者とすることを認めているが、生活保護法は親が生活に困窮すれば、恥をしのんで息子や娘にすがることを求めている。しかし、民法は子がこれを拒否することができる道を残している。しかも親が死亡した場合は、子は息子・娘を問わず、また親を扶養したか否かにかかわらず、第一順位の法定相続人となる。

親を民法上第一順位の扶養権利者ではなくしたことが誤りなのか、それとも生活保護法が息子や娘らに扶養請求することを保護を受ける前提要件としたことが誤りなのか—。

現在のような高齢社会の到来を予測していなかった時期に制定された現行の家族法ならびに生活保護法について、あらためてその矛盾を問い直す時期がきているのではないかと考える。福祉行政は「貧苦」にある高齢者に無慈悲であってはならないのである。

3　老人虐待と親族相盗例

老人虐待が社会問題として顕在化してきた。これは寿命の延長により人間が精神や身体が脆弱化した後においても長く生きることとなり、ケアを必要とする老人が増加したこと、ならびに出生率の低下により介護を担当する者の数が減少し、家族が心身の脆弱化した老人を長期にわたっては支えきれなくなってきたことから起こる社会病理現象である。

こうした要援護老人の権利を擁護するために法制審議会が成年後見制度の検討を行い、より実施されることになっている。成年後見制度は、法定後見に加えて任意後見を導入し、財産管理と身上保護を行うことのできる制度である。成年後見人には、親族だけではなく、社会福祉協議会等の法人、後見支援センター、弁護士、司法書士等がなりうる。

しかしこれは、第三者による財産侵害から老人の権利を守る制度であり、親族から老人が財産を侵害される場合については言及していない。これは家族は老人の財産を侵害することはないという認識に基づいているが、それは幻想でしかなく、家族により老人の財産が侵害されるケースが多くなってきている。このことは家族による老人に対する経済的虐待が増加してきているということである。

老人虐待をどのように分類するかについては定説はない。児童虐待については、国際児童虐待防止常任委員会が、身体的虐待、放任、性的虐待、心理的虐待の四つに分類している。老人虐待については、これに経済的虐待を加えねばならないであろう。それは、老人は児童とは異なり、土地・家屋等の不動産、現金・預貯金等の動産を持ち、年金を受給しているため、侵奪の対象となる財産をもっているからである。

刑法に、親族相盗例という制度がある。これは親族間で行われる財産犯罪に関しては、特例として刑を免除する制度である。配偶者、直系血族又は同居の親族の間では、強盗罪以外の財産犯罪を犯しても刑が免除され、その他の親族間では、告訴がなければ公訴を提起することができない。

親族相盗例の基本には、親の物は子の物、子の物は親の物という一種の共同体観念が存在する。家族内の財産は家族の合有であり、財産が共同利用されているということであり、これはローマ法の中にすでに存在した原則である。

しかし現在、夫婦と未成年の子という生活保持の義務を負う者に対してのみ、自己を犠牲にしても自己と同一水準の生活を維持させねばならないというアルトルイズムな家族関係を持つ者が、老親の資産を着服しても、現行刑法のもとでは処罰の対象とはならない。親に対して利己的な感情しか持たない子が親の資産を侵奪しても、許されるということがあってもよいのであろうか。

老人の資産は、老人の老後の生活を維持するためにあるはずのものである。これを老親の精神・身体の脆弱化に乗じて子が不法に侵奪しても、処罰されないという現行制度は不条理であるといえよう。したがって家族間の財産犯罪の特例に関する規定は再検討することが老人の権利を擁護するために必要であろう。そうでなければ、老後の生活を自己の力で維持し得たはずの老人を、子から経済的侵奪という虐待を受けることにより、公的扶助の対象とする可能性を含むからである。つまり老・病・死に悩む親に、さらに貧苦まで背負わせても子は許されるという現行制度をこのまま存続させてよいのであろうかということである。

4　相続廃除という「自立」

最近の調査研究によると親を殴る、寝たきりの親の汚物を放置する、「早く死ね」といった言葉を浴びせるなど、子による老人虐待が増えてきている。こうした老人を救済する規定は、現在のわが国の老人福祉法にはない。これは一九六三年、生活保護法から分離独立して制定された老人福祉法は、老人の生活問題に対応することを主眼とした法律であることによる。それならば、こうした虐待を受けた老人が、自らを護るために、立ち向かうことのできる制度は、現行法においては皆無なのであろうか。

民法八九二条は、相続廃除に関する規定である。同条は、「虐待」「侮辱」等を受けた者は、こうした行為を行った者を相続から廃除することが出来ると規定している。

相続廃除は、遺留分権をもつ推定相続人の相続権を剝奪する制度である。推定相続人とは、配偶者・直系血族・兄弟姉妹など、相続が開始した場合、当然相続人となる者をいう。推定相続人の中で遺留分権を持つのは、配偶者と子・孫などの直系血族のみである。つまり介護担当者として予定されている者が遺留分権を持っている。遺留分権を有する推定相続人は、被相続人がどのような遺産分割の方法を定めようとも、自己の相続分の二分の一（直系尊属は三分の一）を取戻す権利が保障されている。廃除は、この当然の権利をとりあげる制度である。相続廃除は生前においてもできるが、遺言によっても行うことができる。遺言とは、自己の死亡時に法律効果を発生させる目的で、一定の方式に従って行う単独行為をいう。遺言の内容は遺言を行う者が自由に決定できるが、相続財産に関する遺言の自由は原則として、推定相続人の遺留分を侵害しない範囲で認められている。このように家族の相続財産に対する期待権は、少なくともその二分の一までは法によって保障されているのである。相続廃除は、この期待権を無にする制度である。つまり相続分を零にするということである。ゆえに相続人の利害に重大な影響を及ぼすものである。しかし、これは、親と子の現実の人間関係に則した法定相続主義の修正といえるであろう。

とくに遺言による相続廃除は、親が生存中は、その存否・内容が不明であるから、廃除を理由に、親が子から報復を受けることはない。

相続ができないという経済的不利益が、老人虐待を抑制しうるとは必ずしも言えないが、少なくとも、そのことを全ての者が認識することにより、「虐待」と「不利益」を比較衡量することにはなるであろう。相続廃除は親が子に対する未練を自ら断ち切るということである。故に、ここから被虐待老人の自立は始まるものと考える。ブッダの言う「自らを燈明とし法を燈明」とせよということである。

5　高齢期の自立と更生医療

更生医療とは、身体障害者が身体の機能を回復するために必要な医療をいう。高齢期には、加齢と共に歩行が困難となるため、徐々に外出を控えるようになり、人との接触を失っていくことが多い。外出の機会が少なくなると、高齢であればあるほど短期間で足の筋力が衰え、寝たきりになっていく可能性が高い。つまり高齢期には、身体とくに足に障害が生じ、その結果、身辺自立が困難となり、公・私のケアが必要となっていく。このことは老人にとっても不本意なことであろう。

それならば、足の機能障害を回復するために、整形外科で手術を受け、歩行機能を取戻すことは、人間が自己の老後を自立して生活していくために有効な方法ではなかろうか。

整形外科とは、外科学から分離・独立した臨床医学の専門分野であって、整形外科手術は、身体の形状や運動機能の障害を矯正し、回復をはかる外科手術である。

現在、この分野の研究は、著しく進歩し、手術の成功率は高く、患者の術後の苦痛をできる限り取り除く方法が整備されてきており、手術自体の苦痛と危険は少なくなっている。身体の機能の残存能力を失う前に手術を受けることで、歩行能力が取戻せる可能性が高く、それ故早期の医療が必要である。

しかし、一般に年金で生活を維持している高齢者にとって、医療費の負担は大きな問題である。

手術とリハビリ訓練を受けることにより歩行機能を回復することができるならば、在宅で自立した生活が可能となり、介護サービスを不用ともなしうるが、わが国の老人福祉政策は、現在このような方向に目を向けていない。老人福祉法は、老人が手術により機能を回復する措置については規定しておらず、介護保険法は、居宅もしくは施設介護サービスの給付について規定するのみである。したがって老人は、こうした機能を回復するために必要な医療の給付を受けるための措置が、自己に適用されることを知らないことが多い。

しかし身体障害者福祉法一九条は、身体に障害をもつ者がその障害を除去するための手術等が必要な場合には、市町村はその費用を給付することができると規定している。これが更生医療の給付制度である。これは一八歳以上の全ての身体障害者に適用され、年齢の上限はない。そこでこの制度を活用して、公費で歩行能力を取戻し自立していくことは、高齢期を生きる一つの支えとなるのではなかろうか。

ただし更生医療給付請求権は、権利であるが故に、申請主義の原則に基づき、その権利の行使・不行使は本人の自由意思にまかされている。したがって本人からの請求がなければこの制度は適用されない。ここに福祉制度を知る者と知らない者の間に不公平が生じ、これが老後の自立の可否につながるものと考える。

（桑原洋子）

3　高齢社会におけるソーシャルワーカーの役割

1　社会福祉従事者の専門性と守秘義務

社会福祉の概念については従来から多様な解釈がなされている。しかし、福祉の対象は人間であり、福祉学とは人間の存在が問われる学問である。人間は本来、さまざまな矛盾を内含する者であるが、そうした矛盾といかに向きあうかが福祉の原点である。それを認識することが社会福祉学研究の基本であり、このことを基盤として福祉学という研究領域の専門性が構築されるのである。そうでなければ、「もし社会福祉のワーカーが単なる面接技術の職人であれば、当初は便利でもてはやされても、やがて社会福祉は独自の立場を見失って他の専門科学の下僕となり、専門職と評価されなくなってしまうだろう」（黒川昭登）ということである。

また福祉政策を推進することは、それを必要とする者のニードを満たすことであるが、一方において、その者の自由を侵害することがある。つまり、福祉行政や社会福祉事業は、個人の尊厳を侵害するという危険性を有するものである。

社会福祉従事者はこうした危険性を背負っていることを常に認識していなければならない。福祉行政が対象者の生活に立ち入ることは、プライバシーの侵害を伴うが、個人のプライバシーに立ち入ることなく対象者のニードに対応することは不可能である。したがって、対象者の人間としての尊厳を守るためには、社会福祉従事者には基本的に守秘義務が厳しく求められている。しかし、一般の社会福祉従事者であるソーシャルワーカーの守秘義務は倫理綱領にもとづく道義的義務であるのに対して司法ソーシャルワーカーの守秘義務ならびに児童相談所において相談・調査・判定に従事するワーカーの守秘義務は法律上の義務であって、その違反に対しては刑罰が伴う。「福祉」という文言を冠していても個人のプライバシーに対する制度上の責任に差異があるのである。

例えば、非行少年の取扱い、高齢者離婚等については、こうした認識に基づいてソーシャルワークは行われなくてはならないのである。

2　老年人口の増加に伴う社会問題

総務庁の行った「人口推計」によれば六五歳以上の老年人口は、一五歳未満の年少人口を上回り、特殊合計出生率（女性が一生の間に産む子供の数の平均値）は現在一・三八であり、簡易生命表によれば、男・女とも世界一の長寿国となった（男・女の平均寿命の差は六・九歳）。この人口構成の変動に伴って、従来のように欧米諸国をモデルとしてわが国の社会福祉、ことに高齢者福祉の制度や政策を立案、実施していくことには限界が生じてきた。

つまり今後の老人福祉政策は、わが国が独自に立案し、推進しなければならないということであり、高齢者問題だけではなく、社会福祉について世界に先駆けて提言することが課題となったのである。

高齢化の進行は、心身の脆弱化した老人の比率が増加することであり、定年に伴い、従来の稼働所得を失い年金で生活せざるを得ない人口が増加するということである。つまり、これらの高齢者に対する大量の福祉サービス・年金・医療を必要とする時代となり、それを充実するための財源をどこに求めるのかが、重大な問題となってきている。

従来は、稼働年齢人口によって世代間扶養が可能であったが、現在少子化により、これが期待できなくなってきた。これは性思想の変化により、性と結婚が必ずしも直結するものではなくなったということ、女性のキャリア指向に伴い結婚はするが子どもを産まない女性が増えたということにもよる。つまり結婚年齢の上昇、子を持たぬ夫婦の増加等が少子化を加速し、将来の労働人口減少につながるライフパターンが多くなり、世代間扶養が望めない状況となってきたのである。

3　高齢社会の問題点

寿命の延長は、「老いは進行するがなお生きている」ということであり、何人も「老い」を回避することはできない。ブッダの言う老・病・死という人間苦に直面しているのが現在のわが国の高齢者である。そしてそうした人口の増加は、深刻な社会問題であることを全ての者が自覚しなければならなくなり、社会福祉の分野からだけではなく、他の分野からもこの問題に社会的関心が寄せられている。

こうした動向の中で、社会福祉従事者は、どのような役割を果たすべきかという課題がある。既述のように人間は、長寿を目標に努力を重ねてきた。これが達成されたのが現在の長寿社会であるが、現実の高齢社会は、かつて求めた不老長寿の社会ではなく、進行する「老い」によって、身体や精神が脆弱化した老人の増加した社会である。これはスイフトの「ガリバー旅行記」にある老人の国の出現といえよう。

長寿社会と高齢社会は重複する部分もあるが、異なる概念であり、医学の進歩、生活水準の向上や公衆衛生の改善によって寿命が延長しても出生率が低下しなければ、社会は高齢化しない。

人口は一般に、六五歳以上の老年人口、一五歳以上六五歳未満の稼働年齢人口、一五歳未満の年少人口に区分される。ただし、一五歳未満を年少人口と呼ぶことについては異論があり、高校進学率が九六%、短大を含めた大学進学率が四一%である現在、年少人口は二〇歳までとすべきではないか（金子勇）という見解もある。ちなみに、高齢化率は次のような方法で算出される。

$$\frac{老年人口}{総人口}\times 100 = 高齢化率$$

国の経済成長、高齢者の生活等の安定は最終的には人口問題の推移により決定されるが、高齢化率の上昇は、この点について将来の見通しが暗い（川上武）ということである。高齢化率の上昇は税や、社会保険料を支払う者の比率が減少することであるから、公的財源による老人福祉政策を推進することが困難となるということである。そこで、政府は、まず在宅福祉政策を推進するとともに、自助努力による高齢者の福祉問題の解決を国民に求めている。介護保険制度はその一つの現われである。

4　介護保険制度導入の問題点

従来から心身の脆弱化した高齢者は、診療が必要な者については病院に、介護が必要な者については特別養護老人ホームに、リハビリを要する者については病院と特別養護老人ホームの中間施設である老人保健施設においてケアを受けている。これに要する一ヵ月の費用は、病院が約五〇万円、老人保健施設が約三五万円、特別養護老人ホームが約二八万円といわれている。

また一九八三年、一定の条件を満たせば医師や看護婦の数が一般の病院よりも少なくともよい特別許可老人病院制度が発足した。また一九九〇年には診療報酬を定額化した「介護力強化病院制度」が発足したが、これらの病院に要する費用は医療保険から支出されてきた。

介護保険制度の導入により、従来医療保険より支出していた老人病院・老人保健施設・特別養護老人ホームに要する費用は介護保険から支出することになる。

介護保険制度は、強制加入の社会保険制度であって各自治体により格差はあるが四〇歳に達すると、一人月額約二〇〇〇円程度の保険料を医療保険とは別途に負担し、これを医療保険料と一括して拠出するが、給付は原則として六五歳からとなっている。ただし、勤労所得者の場合は事業体が保険料の半額を負担し、本人負担は夫婦で二〇〇〇円程度となると試算されている。六五歳に達した年金受給者も介護保険料を払い続けると同時に、サービスを利用した場合、それに要した費用の一割を自己負担することになる。

一方で介護保険料は、給与ならびに公的年金から天引きされる。さらに介護サービス適用の可否、その内容・水準・程度・については認定が介在することで給付の不確実性が生じる。

厚生省は介護保険制度の導入は公的介護の充実が目的であるという説明を行ってはいるが、次のような批判がある。

4　介護保険制度導入の問題点

第一は、介護保険制度導入の真の目的は医療保険の赤字を救済することにあるという批判である。これは老人福祉を公的責任で推進しようとはせず、従来医療保険に肩代わりさせてきた結果、膨張した医療費の赤字を介護保険に負担させ、医療保険の赤字解消を図ろうとするものであるという批判である。

第二は、社会福祉サービスが公的責任から各自の自助努力へと変っていくことにより、財源と権限が縮小する厚生省が、新たな財源と権限の維持を求めて導入しようとしているのが介護保険制度である（新藤宗幸）という批判である。いずれも医療保険とは別個に保険料を強制的に徴収する介護保険制度は老人のためのものではないといえる。

5　ソーシャルワーカーは何をなすべきか

前述のように問題が山積するなかで福祉関係者はどのような役割を担うべきであろうか。つまり年金等で生活する高齢者に対して、医療や福祉サービスの受給について、現実に、福祉従事者は何を行い、どのような態度で援助を行わねばならないかということである。

福祉従事者であるソーシャルワーカーは、まず援助を受ける者の立場を理解しなければならない。それは、対象者とワーカーが信頼関係を形成するということであり、ニーズのある者とソーシャルワーカーが、「一如」の関係になるということである。形は受ける者と与える者であるかもしれないが、ワーカーが援助者の立場に立つということは、ニードのある者から、人間の深い苦悩を学ぶことである。冒頭に述べた「福祉学は人間の存在を問う学問である」とはこのことを言うのであり、これが仏教でいう「同苦同悲の情」に基づくソーシャルワークである。

社会福祉の技術はこれを基盤として形成されるべきものであり、今後ともこの基盤に立って展開されなければならない。この理念をいかにして習得していくかが福祉教育の課題であると考える。

（桑原洋子）

4　介護保険は社会保険か

平成九年秋、介護保険法案が国会で可決され一二年四月から施行されることとなった。これはドイツの介護保険制度をモデルとして立案・制定されたものである。

精神・身体が脆弱化した高齢者は、既述のように医療が必要な者については病院で、介護が必要な者は特別養護老人ホームで、リハビリを要する者は老人保健施設でケアを受けている。これらの費用は従来、医療保険から支出してきた。しかしこうした支出は、人口の高齢化に伴い医療保険の財政を圧迫することとなり、いわゆる「社会的入院」の状態にあるといわれている高齢者に対して、医療の質を落として介護に重点を置いた病院制度が検討されることとなった。

昭和五八年、六五歳以上の患者が七割以上を占めているならば一般の病院よりも医師や看護婦の数が少なくともよい「特別許可老人病院制度」が発足し、さらに平成二年には老人診療報酬を定額化した「介護強化病院制度」が実施に移された。これらの病院は高齢者に対して医療よりも介護サービスを提供しているが、それに要する費用は従来通り医療保険から支出されている。このことは、人口の高齢化がさらに進むなかで、医療保険制度の財政の破綻を招き、これらの費用を肩代わりする制度の必要に迫られ、介護保険制度を創設することとなった。本来ならばこうした財源の破綻は保険料の引き上げや増税によって解決すべきものである。しかし平成十一年六月現在、わが国の国債残高は三一七兆円を超え、また、この不況の中で保険料の引き上げや増税を国民に求めることは難しい。そこで介護保険という新たな社会保険制度を創設し、その実施のため別個の保険料を徴収することにしたのであろう。

介護保険が導入されると、現在医療保険から支出している老人病院・老人保健施設等に要する費用は介護保険から支出することになり、医療保険制度の財政上の危機は回避できるといわれている。

介護保険制度の実施主体（保険者）は、市町村と特別区であり、保険に加入する被保険者は六五歳以上の高齢者（一号被保険者）と四〇歳以上六五歳未満の医療保険加入者（二号被保険者）である。介護保険は、本来、四〇歳以上の全国民の拠出する保険料を主財源とする強制加入の社会保険である。

保険料は一号被保険者については一人当たり月額二〇〇〇円程度となり年金から天引きされ、二号被保険者は従来の医療保険に上積みされて給料から二五〇〇円程度が天引きされる。

介護保険は、保険証を提示して申し出ればだれでも診療を受けられる医療保険とは異なり、市区町村に対する本人もしくは家族の申請にもとづき、ケアマネージャーが介護を必要とする者の訪問調査を行い、これに主治医の診断書を添付して介護の要否・程度に関する第一次認定が行われる。そしてその後において市区町村が設置する介護認定審査会（医師・保健婦などからなる）がサービスの要否・程度の第二次認定を行う。介護認定審査会が、本人の状態を自立、要支援、要介護（一段階から五段階まで）の七段階に分類して認定する。自立以外の各段階ごとに受けられるサービスの上限が決められており、これを越えるサービスについては全額自己負担となる。

介護保険制度の問題点としては、第一にホームヘルパーの不足がある。厚生省は、制度の実施までに一七万人を確保することを約束しているが、これは期待できないであろうし、実現したとしても高齢化の進行状況からみて需要はそれをはるかにしのぐことになるはずである。

第二に、介護の要否・程度の認定が公平・適正に出来るのかという問題がある。つまり、介護の対象となるのは人間であり、各段階に分類できない部分の生じ得ることは自明のことであって、認定には認定者の主観が伴わないという保障はない。

第三に、保険料を支払うことができず介護保険の適用を受けられない者も出てくるであろう。生活保護の受給者は、二号被保険者（四〇―六四歳）には、基本的に保険料・利用料の免除制度が適用されるが、六五歳以上の一号被保険者は保険料・利用料の支払義務を負う。しかし被保護者は、受給する生活扶助に介護保険料が付加され、利用料は介護扶助として特別に支給される。我われが定額の年金から介護保険料・利用料を支払うことでミニマムな生活が維持できなくなれば、資産放棄をして生活保護の受給者となることが介護サービスを受けるための一つの方法となろう。しかし高齢者はこうした方法を採るであろうか。

第四に六五歳を越える者が、夫婦で年金から五〇〇〇円以上天引きされ、一方で給与所得者は夫婦で月額二〇〇〇円程度の負担となるが、老後に負担が重く稼働年齢期に負担が軽いことは徴収形態に問題があるといえるのではないであろうか。その意味で介護保険制度は高齢者にとって苛酷な要素を内包した制度であるといえる。

第五に介護保険の給付には不確実性が伴う。医療保険であるならば保険証を提示し身体の不調を訴えれば医師はとりあえずその者を診察し必要と認めれば治療を行う。また年金保険は一定の年限拠出を行った者が一定の年齢に達したことを申出ればそれに応じた給付を行う。介護保険では介護保険証は、六五歳になると各市町村より配布される。しかし要介護状態となった時これを提示するだけで介護保険が適用されるのではなく、既述のように申請、ケアマネージャーによる訪問調査、認定という手続きを行うことが介護サービス受給の前提となっており、これは公的扶助いわゆる生活保護受給に要する手続と酷似している。そして生活保護法と同様に、不正受給等に対する罰則規定が整備されており（第十四章）、刑事法的性格を帯有している。さらに認定機関により自立と認定されると長年拠出を行っていても給付が受けられない。

こうしたものを果して社会保険と呼べるであろうか。施政者はこの矛盾を熟知しているがゆえに、与党三党間合意において介護保険の財源を扶助と同様に税で賄ってはどうかという議論を行ったのであろうか。

自由民主党政調会長亀井静香氏は、一九九九年一〇月六日、自・自・公三党責任者会議において、「子供が親の面倒をみるという美風を損わない」ために介護保険制度の再検討を求めた。これを端緒として一〇月二九日、三党間の会議で保険料の徴収を、平成一二年四月の介護保険制度実施より六ヶ月は行わないこと、ならびに家族介護についての手当は慰労金にかえた。亀井氏は、今は無い「家」という幻に恋着した親孝行思想にもとづいて家族に介護の社会化を代替させようとしたのである。

つまり介護保険制度は社会保険とは呼び得ないものであると考える。

（桑原洋子）

5　成年後見制度の実現にあたって

——高齢者の暮らしと財産を守るために——

高齢社会の到来にあって、高齢者の暮らしと財産を守るために「成年後見制度」が整備されようとしている。新制度が発足するに際しては、その適正、適切な運用を図ることが当然であることは論を待たないが、新しい制度であるだけに、当面は運用について、かなりの程度実験的実践を余儀なくされると思われる側面が指摘できる。本稿は、現行制度と成年後見制度の概要とを照合しながら、新制度施行に当たって生じるであろう幾つかの困難・課題について言及し、その上で、その困難の克服に向けて、若干の提言を試みようとするものである。

1　現行制度と「成年後見制度」

法制審議会民法部会は、平成七年六月来成年後見制度の改正に関する審議を行ってきた結果、平成一一年一月二六日「民法の一部を改正する法律案等要綱案」を取りまとめた。政府はこれに基づいて成年後見制度改正のための民法改正案を作成し国会に提出した。

平成一二年四月には、介護保険制度が発足する。介護保健を利用するには、当事者の意思に基づいて契約する等の手続きが必要となる。当事者の意思を補完するためにも、成年後見制度を充実させることが急務となる。

わが国が、かって例を見ない速さで高齢化していることは周知の通りである。

六五歳以上の高齢者が全人口に占める割合は、一九九〇年に一二％に達したが、二〇〇〇年には一七％、二〇〇七年には世界で初めて二〇％を越え、二〇二五年には二七％に達する。この傾向は二〇五〇年まで続くと予測されている。さらに少子化による家族の介護能力の低下は深刻な問題である。核家族化はますます進み、高齢者だけで生活する所帯が増えてくる。高齢者自身はしっかりしているつもりでも、加齢とともに判断力や行動力が衰えていくことは避けることができない。こうした状況のもとに高齢者自身が被害にあったり、高齢者の周囲が迷惑を被るような事態が生じる場合もあり、それが深刻な社会問題になる。

現在、精神上の障害等により、判断能力が十分でない人のために禁治産宣告ならびに準禁治産宣告の制度があり、後見人または保佐人を付けることになっている。

しかし、もともとわが国の後見制度は、旧民法時代に特に財産のある「家の戸主」が幼少であるか、または精神障害等があった場合、後見人を立てて「家産の散逸」を防ぎ「家の存続」を図ることを主な目的としたものである。

現行法の概要（明治三一年現行民法施行）は以下のとおりである。

禁治産制度……(1)判断能力が全くない人（心身喪失者）を対象とする。
(2)本人または親族の申立てを受け、鑑定を経て、家庭裁判所により禁治産宣告がなされ、「後見人」が選任される。
(3)後見人は、禁治産者の財産に関する法律行為について全面的な代理権を与えられ、財産を管理する権限を持つ。
(4)禁治産者のした取引は、後見人が取り消すことができる。

準禁治産制度…⑴判断能力がかなり低下した人（心身耗弱者または浪費者）を対象とする。
⑵本人や配偶者の申立てを受け、鑑定を経て、家庭裁判所により準禁宣告がなされ、「保佐人」が選任される。

現行の禁治産・準禁治産制度は、意思無能力者の保護を趣旨としているが、一〇〇年前に民法が制定された当時の、家制度における財産保全が実質的な目的であり、実際的な機能としては、必ずしも個人の生活を支援するものではない。よって現実に望まれるニーズに対して現行法は十分に機能を果たせず、その利用率も認容率も低迷しているのが現状である。その上に、今日の自分で暮らしと財産を守ることが難しい高齢者の増加する社会状況にあっては、現行制度のままでは到底事態に対応しきれなくなってきているのである。

1　改正案の要点

改正の目標は、対象者の福祉の充実という観点から、自己決定の尊重の理念と、本人の保護の理念を調和させることにあり、これに沿って以下の提案がされている。

自己決定の尊重の理念と、本人の保護の理念を調和させるということは、歴史を遡ること二五〇〇年前に、ゴータマ・ブッダが説いた「自燈明・法燈明」の教え、すなわち自らを燈明とせよ、法（真理）を燈明とせよ（中村　元『ブッダ最後の旅』では「燈明」は「島」となっている）に他ならず、人間生活の恒久の根本理念である。

⑴　二類型から三類型へ

現行の禁治産・準禁治産宣告の二類型に代わって、改正案では多様な判断能力の程度や保護の必要性に対応するために、精神上の障害（痴呆、知的障害、精神障害等）により判断能力が不十分であるものを、さらに細分化し三類型とすることになる。

禁治産者・準禁治産者という用語は廃止し、障害の軽度な順から被補助人、被保佐人、成年後見人と称することとし、それぞれに家庭裁判所が補助人、保佐人、成年後見人を選任する。

(1)　補助類型

判断能力が不十分ではあるが、(2)または(3)の程度には至らない軽度なものを対象とする。本人の申立てまたは同意を要件として、当事者が選択した「特定の法律行為」について、補助人に代理権または同意権・取消権の一方または双方を付与する。

(2)　保佐類型

判断能力が著しく不十分なものを対象とする。単に浪費者であることを要件とはしない。保佐人に同意権の対象行為（民法一二条一項・借財、不動産の処分等）について取消権を付与する。さらに本人の申立てまたは同意を要件として、当事者が選択した「特定の法律行為」について保佐人に代理権を付与する。

(3)　後見類型

判断能力を欠く常況にあるものを対象とする。成年後見人には広範な代理権、取消権が付与されるが、自己決定尊重の観点から、日用品の購入等日常生活に関する行為を本人の判断に委ねて取消権の対象から除外する。

補助・保佐・後見の三類型の概要は以下のとおりである。

別表１　〈補助・保佐・後見の三種類の概要〉

		補助類型	保佐類型	後見類型
要件	判断能力〈対象者〉	軽度の痴呆・知的障害・精神障害等により代理権又は同意権・取消権による保護を必要とする者	心神耗弱者	心神喪失の常況にある者
要件	鑑定	原則として不要（要検討）	原則として必要	同左
開始の手続	申立権者	本人、配偶者、四親等内親族、検察官、任意後見人、任意後見監督人等福祉関係の行政機関（要検討）	同左	同左
開始の手続	本人の同意	必要		
開始の手続	成年後見人	補助人	保佐人	後見人
同意権・取消権	付与の対象	特定の法律行為	民法12条１項各号所定の行為	日常生活必要行為以外の行為
同意権・取消権	付与の申立て	必要	不要	同左
同意権・取消権	本人の同意	必要		
同意権・取消権	取消権者	本人〔及び補助人〕（要検討）	本人及び保佐人	本人及び後見人
代理権	付与の対象	特定の法律行為	保佐人の同意必要行為の全部・一部	財産に関するすべての法律行為
代理権	付与の申立て	必要	同左	不要
代理権	本人の同意	必要	同左	
職務	財産管理	本人の財産を管理する権利〈代理権等の範囲に対応〉	同左	同左
職務	身上監護	本人の身上に配慮する義務〈代理権等の範囲に対応〉	同左	同左 療養看護義務

出典：H10．4 法務省民事局参事官室作成「成年後見制度の改正に関する要綱試案　関係資料」

2　成年後見人等の選任と義務

現行制度では、対象者の配偶者が法定後見人等であるが、配偶者自身も高齢である場合が多く、必ずしもそれは適任とは限らない。そこでこれを改め、家庭裁判所が個々の事案に応じて適任者を成年後見人等（補助人、保佐人を含む。以下後見人等という）を選出することとなる。後見人等は複数であっても良く（現行は一人）、法人等を選出してもよい。

後見人等は、本人の意思を尊重し、その心身と生活の状況に配慮しなければならない。本人の住居を確保する意味で、後見人等が本人の居住用不動産を処分するには、家庭裁判所の許可を要する。後見人等に対する監督体制の充実の観点から、後見類型の成年後見監督人に加えて、保佐監督人・補助監督人の制度を新設し、法人を監督人等に選出できることを法文上明らかにしている。

3　任意後見制度

「法定後見」の制度のほかに、当事者が判断能力があるときに将来に備えて契約を締結しておくという「任意後見」の制度が創設される。

本人は自分で選んだ任意後見人に対し、判断能力が不十分になったときに、生活、療養、財産管理等に関する事務について、代理人を付与する委任契約を締結し、家庭裁判所が任意後見監督人を選出したときから契約の効力が発生する旨の特約を付与することにより、任意後見契約を締結することができることになる。

家庭裁判所は、任意後見契約が登記されている場合、本人の判断能力が不十分な状況があるときは、一定範囲の者の申立てにより、任意後見監督人を選出する。任意後見監督人は、任意後見人の事務を監督し、これに関して家庭裁判所に定期的に報告することを職務とする。

4　公示制度

禁治産・準禁治産の宣告がされると、戸籍に記載されるため、制度があってもこれをためらう風潮があるのも現実であろう。そこで戸籍への記載に代えて、法定後見ならびに任意後見契約に関する新しい登録制度として成年後見登記制度を創設し、登記所に備える登記ファイルに所要の登記事項を記録するとともに、代理権等の公示の要請とプライバシ保護の要請との調和の観点から、本人、後見人等一定範囲の者に登記事項証明書を交付することにする。取引の相手方はこれを確認することにより、取引の安全が守られることになる。

2　問題の所在・予想される困難と課題

家庭裁判所調査官ＯＢを主体に設立されたボランティア組織社団法人家庭問題情報センター・ＦＰＩＣ（筆者も所属している）では、昨今家庭裁判所から禁治産宣告の申立て事件についての後見人候補者の推薦依頼を受ける機会が増え、実際に成年後見の実務を体験する会員が増えてきている。そうした体験をもとに、家庭問題情報誌「ふぁみりお」では成年後見問題をくわしく論述してきている（「ふぁみりお」九・一二・一四・一八・一九号等を参照されたい）。本稿では、それを参考にしながら、制度施行後に予想される困難・課題等について要約する。

三類型に改正するという案について、「障害がより軽度な者に対応する類型ができるのは前進ではあるが、多様な障害者等について、自己決定の尊重の理念と本人の保護の理念の調和を図る見地からは、それぞれの障害に応じた個別的な対応をすべきではないか」「本人の申立てまたは同意を要件とするというが、申立てまたは同意の能力を認定するのは困難なのではないか」「補助類型に申立てが殺到する事が予想されるが、家庭裁判所は申立てに拘束されるか」「補助類型では、対象事項の範囲が広がりすぎないか」等が改正案を巡る学者・弁護士等の主たる論点であろう。

現行法が、実際的な機能としては個人の生活を支援するものでは必ずしも無く、現実に望まれるニーズに対して十分に対応できていない。さらに戸籍記載等を躊躇する風潮とも相まって、その利用率も認容率も低迷していることは前述した。昭和二三年から平成七年の四八年間の認容件数は、禁治産宣告が二一七六七件準禁治産宣告が九六五三件である（司法統計年報家事編から抜粋作成）。過去五年間の事件の推移は下表のとおりである。

禁治産宣告・準禁治産宣告事件前裁判所既済件数

年度	事件名	申立件数	容認件数	%	却下件数	取下件数	%
平成6	禁治産	1832	1260	68.8	13	484	26.4
	準禁治産	734	253	34.5	20	454	61.8
平成7	禁治産	1951	1315	67.4	14	539	27.6
	準禁治産	689	248	36.0	15	417	60.5
平成8	禁治産	2132	1356	63.6	20	675	31.6
	準禁治産	752	265	35.2	16	462	61.4
平成9	禁治産	2304	1462	63.5	15	710	30.8
	準禁治産	813	263	32.3	25	517	63.6
平成10	禁治産	2644	1709	64.6	24	791	29.9
	準禁治産	837	251	30.0	30	547	65.3

（司法統計年報家事編1995～1999年より抜粋作成）

禁治産宣告・準禁治産宣告の申立て全件数が少数である中で、過去五年間に双方の申立て件数がともに漸増してきていることが指摘できる。認容件数は禁治産が概ね六五％前後、準禁治産が三三％前後で推移している。取下げ件数は禁治産が三〇％前後、準禁治産が六三％前後で推移している。特に準禁治産宣告事件の取下げ件数比が高いのは、諸事情のほかに鑑定の結果に因るところが多いものと考えられる。

三類型が実現すれば、現行で取下げとなった件数が補助類型への申立て件数へ移行するであろうことは、容易に推測できる。補助類型では、原則として鑑定不要となるとすれば、新規の申立て件数ならびにその認容件数も飛躍的に増加するであろう。

2　問題の所在・予想される困難と課題

禁治産宣告申立ての真の動機を探ってみると、本人の保護というよりは周囲の人間の利益や都合によるものもあり、要するに財産関係がらみの背景があることが多い。

例えば次のような事例が、このことを象徴するとおりである。

若くして夫と死別したA女は、懸命に働いて二子を育て上げ、何がしかの預貯金と小さな自宅を持つようになり、老後はそこで自活していくことを念願としてきた。

ところが、思わぬ転倒事故を契機に、A女はいわゆる痴呆様状態を呈するようになってきた。それを知って、家を離れたままになっていた長男が、A女の財産管理をすると言いだし、時折りにはA女のもとに出入りしていた次男と、管理を巡って争いになった。

銀行から正式な管理人を付けるよう要請があり、結局禁治産宣告を行い後見人を選任することが必要となり、長男が申立てをした。長男も次男も、後見人には自分がなると主張した。双方とも適任とは思えなかったが、他に適当な候補者も見当たらず、家庭裁判所はA女の望むようにするということを双方に確約させた上で、次男を後見人にし、長男を後見監督人に選任した。A女はその後、症状が一応回復してきて、自分の家で生活したいと望んでいたが、審判が出ると長男、次男は談合してA女を老人ホームに入れ、土地家屋を売却してそれを山分けしてしまった。

禁治産宣告を受けたとたんに、その本人は「無能力者」になり法律行為をする能力を失う。後見人が本人に代わって殆ど全ての法律行為を行うことになる。法定後見人（配偶者）が無い場合は、親族の中から選任される事が多い。後見人には強い権限があり、これが濫用される恐れがある。後見人は財産について包括的代理権があり、後見監督人が付いていない場合（付いていても双方が結託すれば）被後見人の一切の財産を一存で処分することができ、その代金を着服することも事実上可能である。

後見人が、被後見人のために献身的に行動すれば良いが、財産を管理しようとする親族間の争いに利用されることも少なくない。後見監督人の選任には、被後見人の親族または後見人の要請の有る場合に限られるので、実際の選任率は低いのが実情である。

こうした実情を鑑み、家庭裁判所では、実務経験を積んだ専門家団体（FPIC等）へ後見人等の候補者を依頼し、そこからの推薦者を後見人等に選任する事例が増えているのである。

前述したように後見人が必要になる高齢者の親族間には、必ずといって良い程に財産をめぐる争いがある。それで中立的な第三者が後見人になることになるが、それでも後見人自身も争いに巻き込まれたり、あるいは親族の全てに白い目で見られたりする。親族の協力が得られなければ、財産の調査や目録調製等の作業が非常に難渋する。身上監護の相談についても、金銭に係わる問題であるので、親族が非協力であれば、その調整も容易なことではない。高齢者自身も、自己の財産等について失念してしまっていたり、誤解（費消して存在しない財産を有ると言い張って聞かない等）して、後見人がそれらを盗もうとしていると極端に猜疑的になり、後見人の訪問すらも迷惑がる場合もある。

実際に、成年後見に関与した人々の実務体験からは、その職務遂行は決して生易しいものではなく、特に高齢者後見の役割を果たすには、背後に様々な問題が横たわっていて、その対応に苦慮することが多い事が伺われる。根本的には、後見人の権限が広範過ぎることが問題であり、保存と処分を伴わない管理行為に権限を限ることとし、それを越える行為については家庭裁判所の許可を要する。少なくとも不動産を処分するときは、居住の有無に関わらず許可を要するとすべきであるとの意見もある。

現行では後見人は、被後見人の財産管理に際してはその保全と維持に腐心するのだが、改正案で大切になることは、本来財産問題として捉えられていることは、財産そのものの保全が目的ではないということである。それに関わることにより背景にある被後見人の生活全般に関わっていくことが成年後見人（補助人・保佐人・後見人）の役割である。日常の継続的なケア・サポートが大前提であり、財産管理はその一環なのである。

総務庁統計局一九九八年貯蓄動向調査報告書によると、世帯主が六五歳以上の世帯の貯蓄現在高は約二二八〇万円で、平均の一六六〇万円を大きく上回っている。このことは高齢化に伴う「収入減」のリスクや「長生き」へのリスクを、自助努力によりプールし、分散していく力が大きくなってきていることをも意味するであろう。高齢化に伴って、総人口に占める労働力の割合は低下していくと見られるが、他方で人口一人当たりの資本は大きくなる可能性がある。この資本を被後見人のために有効活用することは、労働力とともに社会の生産活動に貢献することにもつながるのである

後見人が孤軍奮闘しながら試行錯誤するには、自ずから限界がある。そこで改正案では後見人の複数選任制を取り入れている。仕事を分担できる点では便利で画期的な案といえるが、とりわけ身上監護では、被後見人との個人的信頼関係で成り立つ要素が高いわけでもあり、複数選任制に際しては、後見人としての意思決定をどうす

るかが大きな課題となるだろう。

改正案では、自己決定の尊重の理念と保護の理念の調和を図ることが掲げられ、法定後見制度と任意後見制度を車の両輪とするとしている。しかし、いずれにしても本人が自己決定できるとの大前提で意見を尊重とする考え方には疑問が残る。軽い類型（被補助類型）に当たる人でも、現に世話になっている家族の意向に反して「申立てをしない」と主張することは事実上難しいことに違いない。また逆に一人暮らしの高齢者の意見尊重は、誰がどのようにして全うするのかの明示は見当たらない。

数々の実践経験を踏まえて、FPIC情報誌「ふぁみりお一九号」では、これからの成年貢献制度を円滑に実現していくための問題点として以下のように指摘している。

(1)　被後見人の能力をどのように見極め、どのように意思確認をするのか（本当に自己主張できるのだろうか）。
(2)　後見人等の職権濫用を防止し、被後見人の利益を保護するにはどうするか。
(3)　家庭裁判所は後見人等をしっかり監督をする必要があるのではないか（良心的な後見人は悩み、悪質な後見人等は笑うことにならないように）。
(4)　後見人等が親族間の紛争の中で重大な決断を迫られたとき、家庭裁判所とどのような連携が取れるのか。
(5)　後見人等の責任を軽減するために保険制度を考える必要があるのではないか。
(6)　後見人等候補者の組織作りの必要があるのではないか。

3　基本的スタンスについての提言

人口に占める高齢者の割合の急上昇は、社会のなかで要介護者が発生する確率が確実に高くなる事を意味する。

実際に要介護状態となる人数は、さほど高くないであろう。しかし、要介護となることは、誰にでも起こりうることである。すなわち健常と痴呆の間はボーダーレスなのである。しかも一旦そうなると、その費用負担も介護それ自体の負担もかなりなものになる。

後見とは、ユング心理学流にいえば自己実現の過程を支持する作用と言って良いだろう。そうであれば成年後見を行うとは、母なる大地の心で力強い権限行為を遂行することであると理解できる。その権限を補完する意味で、本来福祉的機能という行政的な機能も期待されている家庭裁判所が、積極的に後見監督役割を果たすべきであると考える。

成年後見の具体的な役割業務は、要するに人間関係調整の科学的作業を果すということに尽きると言っても過言ではない。要介護「3」のレベルと想定されるある高齢者が、静かに語ったという言葉「見せかけでめんどうをみてくれてるんじゃない。わたしはね、気持ちをね、わかっていますよ。同じことをしていても、気持ちしだいで、まるでちがうことになるんですよ」（浅野千恵子『ケア日記に書かなかった物語』）にその基本が凝集されている。後見人と被後見人の、この確認が「本人の意思を尊重する」ことの原点となる。その許で例えば親族間調整、行政機関との連携、後見監督機関への報告の義務等を果たし、そしてその全てを被後見人へフィードバックすることが、後見人の役割業務である。

そのためには高度な人間関係調整能力を備えた人材が必要である。その人材確保を図ることが急務となるであろう。

それでもなお、業務遂行の諸々の場面で種々な問題に遭遇する。例えばケアマネジャーと成年後見人とを兼務させることは問題であるとの意見がある。ケアマネジャーと被後見人とは「利益相反関係」にあるという。

「するもの」と「受けるもの」という二元論的立場に立つ限り、当然「利益相反関係」は成立する。すなわち、両者は互いの立場に拘束されてしまう。しかし、実際の生活の中では、それが「本人の意思を尊重する」具体的方策であることもあるわけである。

すべて人は「一如」であるという母性原理に基づく深遠な東洋の思想を背景にすれば、この困難を克服する具体的解決策は必ず展開可能となるだろう。

5　成年後見制度の実現にあたって

二〇二〇年には、人口の四人に一人が高齢者である社会が出現し、その中で健常者と要介護者が共生することになる。ここで描く共生のイメージは、蓮台に座る要介護者を他が担うというものではない。それは、おそらく誰もが幼い日々に体験したに違いない「運転手は君だ。車掌は僕だ……」と唱いながら皆で動かした縄電車ゴッコの遊戯のイメージである。遊戯（ゆげ）とは、本来仏教用語であり「菩薩が何ものにもとらわれず、するものとされるものとが一体となって自由自在に行き交うさま」をいう。菩薩とは、真実を求めて相手のために尽力しようとしている人のことである。

近未来に、この縄電車が街中を縦横に行き交う姿の実現を期待したい。

［参考文献］
桑原洋子編『仏教司法福祉実践試論』（信山社　一九九九）
「ふぁみりお」九・一二・一四・一八・一九号　社団法人家庭問題情報センター
最高裁判所事務総局『司法統計年報一九九五～一九九九』
総務庁統計局編『日本の統計一九九八』
経済企画庁国民生活局編『図で見る生活白書―平成一〇年版国民生活白書―』

（東　一英）

6　古典芸能にみる老人の自立

わが国の伝統芸能、能「景清」の主人公景清は抵抗の人であった。彼は他の者であるならばおそらくは死んだであろう生命を落人として生きた。「悪七兵衛」（強い人）の呼称そのままに、その時代の武士の掟を生命の瀬戸際でほうり投げた。この強い意志の人をとりあげ、現代社会における老年期の生き方について考えたい。

1　景清のおかれた状況

景清は死ななかった。主君に殉じなかった。モーリス・パンゲは、「乱世において闘いに敗れた者の誇らしい行為として、自殺がある」と述べている。それは、道理にかなった行為であり、やがておとづれる死のあとの、耐え難い屈辱から逃れることもできるという道である。景清は、その道を選ばずおめおめと生き延びたのである。モーリス・パシゲによれば死は戦乱の世における人間の持つ力と意思を顕示する方法であり敗北のなかの矜持であった。しかし景清は、死ななかった。

「持ちたいと思っていた力と意思の理念」それは、人間景清が恥をさらして生きたことにおいてかえって強く示されていると考える。

景清は視力を失っている。そして、九州日向で藁屋に独居する流され人である。景清の生活は訪ねて来た景清の娘に里人の語るところによれば「景清は両眼盲《し》ひましまして、せん方なさに髪をおろし、日向の勾当《こうとう》と名を附きたまひ、命をば旅人の頼み、我等如きの者の憐みを以って身命を御つき候」という有様である。そして景清自身の語るところによれば「所に住みながら、御扶持ある方々に、憎まれ申すものならば、偏に盲の杖を失うに似たるべし、片輪なる身の癖として、腹悪しく由なき言い事ただ容しおわしませ」というもので、景清のおかれた現実は、里人、他者の「御扶持《おふち》」すなわち憐みなくしては生きられぬ障害者である。この時代、障害者が「身命」をつなぐことは、極限を生きるということであった。横井清氏によれば、「五体健全」であることは『六根清浄」であることの大前提であった。心身が清浄無垢であることこそ、さまざまの価値体系にぬきんじるものであり、それを願うすべての人にとっては、心身に障害のあることは恐怖であり、地獄であった時代、障害者はその親族から捨てられ物乞で露命をつなぐ以外生きる術はなかったのである。それが景清の立場であった。

屋島における錣引《しころびき》にみられるかっての剛の者景清がなぜ視力を失ったのかは、謡曲「景清」をみるかぎりでは不明である。「『五体健全』者たちが差別の視線で四六時中包囲しつづけることによって、差別の極地にしばりつけられ」、なお老残の生命を惜しんだ「景清」に深くとらわれるのである。

増田正造氏は、能において、「老」は女体の美とならぶ最上位に位置するものであり、老女については、その人生の終末における光輝があり、男性の場合はあきらめが半ばを占めているかもしれない。しかし、老女の能は業《ごう》の深さをあますところなく表現している。そして能におけるそれも老体における表現において、その生命ともいえる情念の世界が、女性においては、より人間的である、と分析している。氏の分析をふまえてなお、男性である景清に氏の言う「女性の旅路の果ての業の深さ」を重ねあわせてみることは無謀であろうか。田代慶一郎氏は謡曲「景清」のような作品が生まれたということは、例えば老女物の小町を創出したような深い人間認識が能

という ジャンルにおいて、すでに醸成されていたのではないかと指摘している。

「松門ひとり閉じて、年月を送り、自ら清光をみざれば、時の移るをもわきまえず。暗々たる庵室に、いたずらに眠り、衣寒暖に与えざれば、膚は髐《ぎょう》骨と衰えたり」と独白する景清が内包する過去への追想は、猛々しく戦場を駆けた日々への魂の回帰である。社会から放擲された現在も景清の真実であるなら、過去の勇姿もまた景清の真実である。死で清算することをあえてしなかった過去をたぐりよせる熱情を、景清は差別の現実を生きることによって昇華させていったのではないか。

田代氏によれば、景清にとってその過去がきわめて重要な意味を持っており、その過去の体験を具象化しているのが、主人公を源平合戦譚の創始者とし、平家語りと設定したことであるとし、景清は自ら「日向の勾当」と名乗り、現実からは疎外された自らの情念の解放を志し、さらに「平家語り」を糊口の手段としたのである。このことは視力を失った景清が、乞食としていたずらに他者の憐憫に身をゆだねたのではないことの証左である。沢瀉久敬氏は「人間は意志的意識的となることによって自己の自由を確立する。その意味において人格者としての人間、つまり最も厳密な意味における個人こそ、真の意味の個性的存在者であり、単に外界に対する自由をもつだけではなく、自己に対する認識をもつ自覚的存在でなければならない」と述べている。景清においては、その自覚的存在者としての精神の構造がその内奥に牢固として在ったのである。景清は、自死による逃避を退け、差別のなかで、その内面において確固たる自我を形成し、「平家語り」として自己を顕示したのである。

この時代は、救済の制度もまた彼ら障害者を包摂するものではなかった。すべての被差別者への差別的処遇を排斥する立場にあった仏教者でさえも、障害者を「業罰」の「現報」の極地とし、命を惜む障害者に対する人びとの偏見を合理的なものとした者もあった。この絶望の中で景清は個としての実在を明示したのである。

2　老人の自立は可能か

人はどの時点から過去の人となるのであろうか。そして誰がそれをきめるのであろうか。人はその生涯を通してつねに現在を生きるものではなかったのか。

景清が強い意志を示し得たのは、生きるうえでの如何なる外的条件からも見放されていたという点にあるのではないか。「萬事は皆夢の中《うち》の徒《あだ》し身なりとうち覚めて、今はこの世に亡き者と、思い切ったる乞食を、悪七兵衛景清なんどと、呼ばば此方が答うべきか」と激怒する中にも自己の状況に対する冷性な把握を披瀝する。しかし景清が人間としての感性を全く失っていたというのではない。訪ねて来た娘に一度は景清などという者は知らぬ、と追い返すが里人のはからいで対面した時、景清は揺らぐその胸の裡を語る「おん身は花の姿にて、親子と名乗り給ふならば、ことにわが名も顕わるべしと、思い切りつつ打ち過ごす。われを恨みと思うなよ」と、この曲において唯一、景清がみせる親の真情である。

「景清」を演じる場合、最もむづかしいのはこの場における演技であるという。景清は盲であり坐ったまま、面《おも》づかいと手の動きだけでその場の情感を表現しなければならない。ゆえに演者に要請される条件は、一定の水準以上の演技力に加えて、人生における諸経験から身にそなわる人間についての深い洞察力であるという。つまり、「不断の修行と心の工夫の蓄積と、それの成熟を待つ絶対の時間の総量」が要求されるのである。

景清は、娘に請われるままに屋島における戦語りを聞かせて、心を残し乍らも娘を鎌倉に返す。景清が娘を鎌倉に帰したことは、老年期を生きる者に対するひとつの啓示となろう。景清は娘への執着を断ち切ったのである。それはその内面において確固たる自我の形成がないならばなし得ぬことと思われる。つまり生きるうえでの全ての条件から見放されたところに景清の自由があったのである。「さすがに我も平家なり。物語り始めて、おん慰みを申さん」と自ら「芸による救済」を志した景清のあり方こそが自己実現を可能とするのである。ブッダの教える「自らを燈明とし、法を燈明とする」生き方である。

強い意志の人「景清」を創り出した能楽の世界は増田氏の言うように、心の世界の重視による老年の克服と優位をうちたて、老年期をどう毅然と過ごしうるかという現在の全ての者の課題に、ひとつの大きな啓示を与えるであろう。長老こそが最先端の現役なのである。それは能を大成したといわれる世阿弥の生き方の反映でもあろうか。立石巌氏は、世阿弥について、「公的にその作品を発表しうる年齢の時代にはまだ庶民的心情を体得していなかったが、その演能の許されなくなった老後に至って、ようやく人間性や抵抗心をしっかり自分のものとすることができるようになった」と述べている。老年に至った世阿弥もまた「景清」の如き強さを示しながら「能は、枝葉も少く、老木になるまで、花は散らで残りしなり。これを眼のあたり、老骨に残りし花の証拠なり」と老年に残った花の味わいを示唆している。桑原洋子氏は、人は自らを養い得てこそ人間であると述べている。このことは経済の面における自立は勿論であるが、その精神における自立を指すものであろう。すでに到来した高齢社会を、どう生きるか各人が決意しなければならないときであると考える。

なお本稿の参考文献については、新居澄子「伝統芸能にみる老人問題」阪井敏郎ほか編『福祉と家族の接点』（法律文化社・一九九二年）の末注を参照されたい。

（新居澄子）

7　自分探しの旅に出る
——家庭事件を素材として——

今から、私が担当をしました中で、特に印象的であった少年保護事例と家事調停事例の、それぞれ一件づつをご紹介したいと思います。そしてその二つに共通すると思うことを今日の話題の中心にしてみようと考えております。

早速一人の少年のことをお話しします。

彼の両親は、いわゆる在日韓国人でありました。のちに分かってきたことですが、母親は、一六歳のときに強制的に日本へ連れてこられたということで、就学体験もなく教育も何も受けられないままで、日本語もたどたどしいお人でした。

夫婦で廃品回収の仕事をしていたのですが、あるとき、道端の柳の木の下に捨てられている赤ちゃんを見つけて、丁度夫婦に子供がなかったこともあって、届け出をしてわが子として育てることにしました。捨てられて時間も経っていたようで、ひからびたようになっていて泣き声も弱々しいそんな状態だったと言います。

それがこの子なんですね。順調に育って、それでも知的な発達がやや遅れている様子でしたが、可愛い子供でした。

中学校入学まもなくの頃、まわりの無責任な大人が「お前は捨て子だった。今の親は本当の親ではない。誰の子供か分かったものではない。お前の親は日本人かも知れない。」等という酷《ひど》いことを、少年に話して聞かせたと言います。

ちょうど幼児・児童から少年へと発達していく、人生の内でも一番揺れ動く、従って一番養育に難しい時期がこの頃でして、「自我」つまり自分というものを確立して「自分は自分」ということを見つけるための、色々な試みをやろうとする大切な時期です。ギャング・エイジに続く発達段階で、ワンダリング・エイジなどという言葉で説明している学者もいます。

この少年は、中学二年になるころから、一三歳から一四歳になるころですね。素行が乱れるようになりました。中学校の授業そのものにも、少年はついて行けなくなってきたと思います。授業を怠けて街に出て遊ぶようになり、次第に万引きを重ねるようになりました。

その内容がとても特徴的でした。対《つい》になっているもの、ペアになっているものの片方を万引きしてくるのです。手袋片方、靴片方、イヤリング片方、ペアルックのTシャツの片方と言う具合です。とにかくそういうものが多かったのです。

対《つい》になっているもの、これを「父と母」「親と子」「母と自分」と解釈する事もできます。あるいは「自分ともう一人の自分」と言うこともできると思います。これを引き裂く、または使い物にならなくする。少年の行為はそんなことを意味するのかもしれません。または、「母と子」の関係において「盗ってきた片方つまり母親は僕のものだ」という主張かも知れません。

もちろん少年はそんなことを意識してやっているわけではありません。しかし、無意識のところで、心の奥で、この少年はどんなに苦しんでいるか、自分が引き裂かれる思いをしているか、そんなことを類推させられる行為だなと私は思いました。

幸い、さほど高価な品物ではありませんでしたし、補導されるたびに母親は、すっ飛んでいって、少年を貰い下げて来て、なけなしのお金に違いないのですが、弁償して回っていました。

そんなある日、その子が何時になっても家に帰って来ないことがありました。今までに外泊することがなかった訳では無いのですが、泊まる友人宅は決まっていて、母親が友人宅へ電話をいれて確認をした上、お願いをして外泊を承知していたのです。が、その日は心当たりに電話しても「来ていません」と言うばかりでした。今までになかったことだったので両親は心配になり、捜し回り、最後には地区の消防団の人も出て、池にでも溺れているのではと大騒ぎになりました。

夜中じゅう探し歩いた両親は、疲れ果ててぐったりして家に戻り座り込んでどうしようと思っていたときに、どこからか鼾が聞こえてきました。なんとその子は、天井裏に上がり込んで、そこで寝ていたのでした。

そこでこの母親はどうしたかというと、天井裏へ毛布を持っていって掛けてあげたといいます。そして朝になると起こして学校へ行くように言って、いつものように弁当をもたせて送りだしたそうです。いつもそうして送りだして、子供は学校へ行かなくて、どこかで弁当を食べて、適当な時間に帰ってくるわけで、そのことを母親は百も承知しているのです。承知の上でその日もそうしたとのことでした。

それを聞いて、わたしも何とも私の理解を越えた母親の行為だったので、びっくりしてしまって、「お母さん、腹が立ちませんでしたか」というような間の抜けた質問をしたのですが、お母さんは「腹が立ちましたが、私の子ですから…」とはにかんだ様子で答えました。何という母親の、「母としての自信」なんだろうと私は言葉もありませんでした。

「この子は、他のどんな所よりも、この母親の元に置いておくのが最善である」と担当家庭裁判所調査官としては、そう考えました。裁判官とも相談して、母親に引き取ってもらうことにしました。

それからも幾度か少年は同じような非行をしては、補導されて家庭裁判所へ送られてきましたが、その都度励まして母親に引き取ってもらいました。担当裁判官も辛かっただろうと思います。「行為の責任を取らせろ」と言うことと「その子の成長を見守る」と言うことの狭間《はざま》で、裁判官と調査官は何度も協議を重ねました。そうしては、結局は裁判官も少年を見守ってくれました。

そうして何とか中学校は卒業にこぎつけたのですが、それから少年は私たちの前に姿を見せなくなりました。裁判所に便りがなくなれば、その子は無事である証拠です。彼は当時は建築現場で働くようになっていた父親と一緒に、現場で働いているということでした。雨の日なんかで仕事が休みの時に、盛り場に出てきて、地区のお巡りさんとももうすっかり顔馴染みですから、声をかけられて、ゲームセンターとかで遊んで、サウナ風呂に入って夕方帰っていく、それが楽しみの様子だとお巡りさんからの情報でありました。

精一杯の反抗をして、苦悩して、そしてやっと少年は「自分を見付け出す、あるいは見付け直すことが出来たのだ」と私は思います。その蔭で、母親の力がどんなに偉大であったかと、いまでも私は、たどたどしい日本語で「私の子ですから…」とはにかんだあのときの母親の顔を覚えています。

今度は家事調停事例をお話しします。

七六歳の申立人（夫）が、七二歳の相手方（妻）に対し妻が浮気をしたということを動機に離婚するという夫婦関係調停を申し立てたのです。

相手方は、事実無根であると言い、その息子たちも、母親の言うとおりであり、申立人である父親は、どうかしているとか言うが、申立人は強硬で主張を譲らず、調停は難行していました。このままでは調停が進行しないので、家庭裁判所調査官が、申立人の主訴を個別面接をしてじっくり聞き、問題点を整理するという「調整命令」が出されまして、私がそれを担当する事になったわけです。

私は日を改めて、申立人と個別面接を致しました。

申立人は、「この春以来、妻の素行がおかしいことに気づいた。例えば庭に出る時の下駄が片方裏返っている。いままでは妻がそんなことを放って置いたことがない。ことほどに何となく自分によそよそしい。注意してみていると、妻は申立人の目を盗んで逢い引きを重ねている様子である。その相手は自分の幼友達のなにがしである。許されることではない」と憤慨します。「確かな事でしょうか」というと、余計むきになって、「現に、先だっての何日の何曜日の午後何時に、いそいそと出ていって、どこそこで相手と落ち合って云々」と主張は迫真的であります。

一体にこの種の訴えは、内容が非常に具体的で、その描写は詳細であり、リアルであるのが特徴だと言えます。「幼友達のなにがしとは、よく銭湯にも行った仲で、良く知っているが、体格も良いし男らしい。自分のほうが見劣りがする」とがっくりしていました。

この人は腕のよい建具職人で、親方に見込まれて養子になって以来、五〇年間の今日まで仕事一途に励んできた人で、事業も随分大きくしてきました。奥さんも万事控えめなお人柄で、夫婦仲についても特段の波風もなく今まで過ごしてこられたのです。

七五歳の時に息子たちから「後は任せてくれ」ということで、隠居して悠々自適の生活をするようになって、はた目には結構な立場になっていました。ところが、悠々自適の生活に入って以来、この人は次第に不機嫌になっていったようであります。

わたしの前で、縷々妻の不行跡を訴える申立人の話を聞いて、わたしは、この人が隠居以来、所在無さ・居所のなさ・生き甲斐喪失感といったものに悩まされているように感じました。

一時間余り、申立人の主訴をうなずいて聞いた上で、私は、「○○さん。寂しいですね。人間って寂しいものですね」とコメントしました。しばらく間を置いて、申立人は深くうなづいて「うん、わしは寂しい」と答えました。私が面接で行ったのは、ただそれだけのことなのですが、それから調停のほうは劇的な展開をしまして「裁判所が自分の言い分を分かってくれた」と申立人は上機嫌で納得をして、自分から事件を取り下げて、本件は終了ということになった次第です。

さて、この二つのケースに共通するものは、何かということについて私見を述べさせていただこうと思うのです。私は、この少年・お年寄りともに、二人は、ある契機から「自分というものを見失うかの不安感に囚《とら》われた」のではないかということです。

精神分析学などで、基本的信頼感（ベーシック・トラスティ）ということを言いますが、人はその保証の上にたって、人格が形成されると言うのです。

エリクソンは、さらにセルフ・アイデンティティー（自己同一性）という概念を唱えました。自分が自分であることを確認できることの大切さを主張したのですね。

無意識の世界において、この少年は「自分は、どこから来たのか。今なぜここにあるのか。そしてどこへ行くのか」という思いに悩まされたのではないでしょうか。

お年寄りは、来し方・行く末を考えて、そして今在る状態のなかで「自分にとって最も大事なものを奪い去られた。すなわち自分の存在基盤を失った」という想いに囚われてしまったのではないか。そして両者ともに、孤独感に苛《さいな》まされていたのではないか。それ故に、この両者は〔自分探しの旅〕に旅立つということを試みたのではないだろうか。そして両者は、旅立ちの方向性および手段において間違ってしまった。

言うなれば「不条理の闇の中に紛れ込んでしまった」のではないかというのが私の仮説なのです。

当事者の旅立ちの方向性ないし手段の間違いを、それこそ手段を尽くして正していくこと。それが家庭裁判所が持つ「福祉的援助機能」に課せられている、大きな役割の一つではないかと私は考えます。人間関係の修復ということに関していえば、不条理の世界のドロドロした場面が幾つもあります。むしろ人《ひと》の「業《ごう》」というか「人間苦」とでもいうか、家庭裁判所の実務場面では、不条理な世界での難題が提起されることのほうが多いように思います。条理を尽くすということがありますが、これらへのアプローチに関しては、当然ながら条理を尽くすだけでは、必ずしも問題解決につながるとは限りませんで、この不条理なるものと、如何に有効適切な対応ができるかが、大きな課題であります。そのためには、とにもかくにもまずケースを良く見る、事件や申立ての事由の背後にあるものを良く見るということが肝要であることは言うまでもありません。と同時に私たちは、ケースが動くのを「俟つ心」をしっかりと持つということが大事なことだと思っています。

この「俟つ心」ということについては、今日の二つのケース、少年ケースでは、母親の心のなかに、後者のケースでは、妻および息子たちの心の中にきちんとそれがあった。だから問題解決に繋がったわけですね。つまり、両者ともに、その家族には、「家族としての機能」は損なわれていなかった。そのことが、問題の解決に大きな働きをしているということを指摘しておきたいと思います。

昨今は、当事者並びにその家族そのものの側に「俟《ま》つ心・俟つ姿勢」がなく、言葉だけが飛び交った結果、事態は破綻にいたる事例が増加してきているように思えてなりません。家庭裁判所の実務現場が、もっとも苦慮しているところと申せましょう。

とりとめのないお話になりましたが、家庭裁判所調査官としての感想を申し上げました。

（東　一英）

8　司法福祉におけるカウンセリング導入の問題点

1　カウンセリングの効用

現代は人間疎外の時代であると言われる。科学文明の発達につれて、現代は、人間の悩み、精神病、ノイローゼ等の精神的疾患のみならず、それに付随して、過去にはなかった新しい種類の病気や犯罪、さらに種々の疎外的現象をも生み、まったく混沌たる様相を呈している。

この歪められた人間性、現代人間の神経症的状況の回復をめざして、種々の方法、つまりケースワークなどが講じられ、カウンセリングなどの手法が特に要請されるに至った。

カウンセリングは、心理学の応用としての精神分析や心理療法等と共に、より近く人間の実在に迫り、人間治療という大きな役割を持っているものである。そしてそれは、人間疎外の現代における、人間回復の最も具体的手段として、一九六〇年頃から盛んに行なわれるに至ったのである。

カウンセリングにはいくつかの学派が見られるが、その中でも特に、人間は誰でも成長し、発展し、適応へと向う資質を持っているとするロジャーズの非指示的カウンセリングの精神は、わが国におけるカウンセリング全般に大きな変革をもたらした。すなわち、カウンセリングは人間の成長をクライエント自らが達成していく過程である。その人格の変容に最も直接的で重要なのは、受容的人間関係であり、その時に人間に本来的可能性として備わっている成長への衝動が発動し、人格の建設的な変換へと個人自ら歩みはじめていくとするものである。

2　自助の責任とカウンセリング

その後、カウンセリングは、教育、産業、福祉等のあらゆる分野において広く実施され、多大の効果をあげている。このようなところに、一九六〇年代当時より、更生保護においてもカウンセリングの必要性が叫ばれるようになったことは当然なことであろう。更生保護に関する法律に、「本人（その者）に本来自助の責任があることを認めて」と規定されていることは、人間は本来成長への衝動をもつものであるとするカウンセリングの人間観と、まったく相通ずるものである。

この自助の責任について「ここに更生保護を支える基本的な人間理解がある」とし、また、「自助の責任を認めるということは、それが人間教育の基本理念であって、それをふまえることなしに、対象者の処遇はあり得ないのだという、深遠な思想を表明するものである」とする鈴木昭一郎の所説は、実に傾聴に価することであろう。この「自助の責任」の意味するところは、深い人間の本性に根ざした、成長発展への可能性を示すものであり、それは、そのまま、カウンセリングの基盤となっているのである。

国の刑事政策が、刑罰中心主義から、社会内処遇等の処遇に重点を置く時代へと、大きく変革しつつあるとされた一九六〇年代頃から、更生保護における最も適切なケースワークとして、第一にカウンセリングがあげられるのである。その意味では、保護観察における保護司と対象者との関係は、一切の権威的なものをひとまず措いて、このカウンセリング関係を通じてのみ、真の接触が成立すると言ってもよいであろう。カウンセリング的対人関係によって、始めて、まったく新しい人間関係が開けてくるものであろう。

3　更生保護施設のカウンセリング

ところが、更生保護施設では、その職員と対象者との関係は、保護司における保護観察とはいくぶんその性格が違ってくる。すなわち、保護司と対象者との接触は、一応ある距離をおいて面接するという形式が多いが、更生保護施設では、その性格上、職員は対象者と絶えず接触しており、彼らと寝食を共にする人間的触れ合いの場でもある。それだけに、そこには常識では考えられないようなできごとも実に多い。

更生保護施設における少年を除いた対象者の大多数は累犯者であり、世間から見放されて、行くところもなく社会の冷たい目に怯え、泥沼からのがれようと焦り、ひがみにひがんで、酒色にのみそのはけ口を求めるしか術のない人たちが多い。そういう彼らから自助の責任を引き出し、社会に適応するよう復帰させていくということは、実に至難の技であろう。我われは、宿直の夜等に、泥酔した対象者の酒の肴にさえならねばならぬという、補導以前の問題に戸惑うことさえあった。このような補導の場において、カウンセリング関係は、はたして可能であろうか。

4　カウンセリングの限界

カウンセリングは、原則として、正常な個人に対してのみ可能であって、甚だしくその情緒的成長を歪曲されている者には不可能であるとされている。ところが、実は、更生保護施設では、相手は個人のみではなく、集団でもあり、また、彼らの情緒は甚だしく歪曲され、阻害されていることも多いのである。さらに、更生保護施設では、カウンセリングというような形式ばった面接では、どうしても解決できない問題が多々認められる。

更生保護施設における対象者との面接は、その性格上、その多くは夜に行われている。対象者は、日中はみな仕事に行っており、夕方それぞれの職場から帰寮するのである。ところが、そこでは、職員が少ないため、宿直は唯一人ですることになる。その一人の宿直職員に、彼らは実に多種多様の問題をもってくる。だが、その問題も、部屋の鍵が開かないから何とかしてくれとか、食事がない、金品を盗られた、金を貸してくれ、預り金品を出してくれ、両替をしてくれ、云々という、まさに補導以前の問題がほとんどであり、その忙しい時間の合間に、対象者の真剣な相談に応じる余裕は皆無に等しい。たとえあったとしても、その面接で問題の核心に触れんとするとき、他の者が別の用件でいきなり飛び込んできて、面接の場はくずされてしまうこともある。

カウンセリングの対人関係は、感情的であってはならないとされている。ところが、更生保護施設では、職員は対象者と寝食をともにしているから、そこにおける補導には、どうしても人間的情というものが入り込んでくる。この殺風景な施設の中では、どうしても一種の殺気だった、とげとげしい雰囲気が充満している。したがって、職員はその点に特に気を使い、補導の場にも暖かい心やりが必要である。ところが、そのような接触の場において、職員は対象者とよくなじみ、よく知ることができる反面、対象者も職員の裏面までをよく知り尽して、そこに慣れ合いという、いわゆる補導場面の弊害の問題がもたらされる。その慣れ合いを断とうとすると、いきおい、今度は急速に対象者は職員から離れていってしまい、補導はいよいよ困難になってしまう。それ故に、カウンセリングにおける対人関係は個人的であってはならず、それは専門的対人関係でなければならないとされるのであろう。このことは、明らかに、現在の更生保護施設におけるカウンセリングの限界を示すものである。

5　仏教カウンセリングの導入

以上のように、筆者の体験では、一九六〇年代当時の更生保護施設における補導には限界というものを、如実に感じさせるものがあった。個人的対人関係を否定するということは、カウンセリング関係の中に流れる人間的情ということすら否定するのではあるまいか。更生保護施設においては、客観的専門的立場でなされるカウンセリングより、むしろ、それが個人的感情的なものであろうと、たとえ彼らと雑談する場においてでも、彼らとともに笑い、喜び、あるいは泣いてゆくことの方がずっと効果的であることを、筆者は体験として感ずるのである。

ここにおける最も根本的な問題は、補導の場における対人関係のあり方ではないだろうか。あくまで受容的な、来談者中心的な非指示的カウンセリングにおいても、やはり心理療法とか治療という言葉が使われている。ここにおけるクライエントはやはり患者なのである。更生保護においても、対象者を犯罪者と呼ぶ場合もあるようであるが、更生保護における対象者の処遇を指導と言わず、あえて補導と言うところには、もっと深い意味があるのでないだろうか。それは「本来自助の責任あることを認めて」という立場からのみ出てくる言葉である。それは対象者の人格を完全に認めることであり、補導する者もされる者も同一次元にあるということである。それはすなわち、補導の場において、カウンセリングすると同時にカウンセリングされているという、カウンセラーとクライエントの障碍なき両立したあり方である。このことが仏教カウンセリングの精要である。

以上のことから、現在の更生保護施設における補導の場において、いわゆるカウンセリングをそのまま導入することは不可能ではあるように思れる。ただし、職員以外に別にカウンセラーをおくことができるならば、問題は別である。それは非常にむつかしいことではあるが、上に述べたようなまったく新しい仏教的立場によってカウンセリングができるような処遇体制が可能になれば、素晴らしいことであろうと、ひそかに願っているものである。

(吉元信行)

9 司法福祉に活きる仏教用語

1 施《し》 設《せっ》

施設という言葉は、「こしらえ設けること（もの）」という意味から、一般に公の事業のなされている建物、なかでも社会福祉や司法福祉、あるいは医療などのサービスが行われている事業体に使われることが多い。最近、これら施設が特に充実して、その偉容には目を見張るべきものがある。しかし、いくらその外見が素晴らしいものであっても、その内実ははたしてどうであろうか。そこに生活している人たちにとって問題点はないであろうか。

ところで、仏教で「施設」という場合、その原語を prajñapti と言い、「セセツ」と発音する。「施設《せせつ》」とは「実物《じつもつ》」（本当のもの、本来のもの）の反対語であり、実存しないあるものを仮に在ると設定することである。その本来の意味は「積極的に知らしめること」であり、そういう点から、名称、観念、概念などもいう。大乗仏教になると、そのことを「言説《ごんぜつ》」という言葉で表現し、あらゆる存在は、人がそれを仮に存在するとほしいままに独断で名づけた幻想に過ぎないとする。禅宗では、師家が修行僧を導く手段として用いるものを「施設」と言うが、この用法が今日の意味に最も近いと思われる。

しかし、たとえば、病院や老人ホームにおいて死に直面している老人が、家庭に帰って、家族の中で死にたいと切実に訴えているさまを見る。また、司法福祉の現場においては、以前より施設内処遇に代わるものとして、「社会内処遇」が重要視されてきた。最近、西欧のターミナルケアの現場においても、「在宅ホスピス」が主流になりつつあるという。

もちろん施設はなくてはならないものであるが、あくまで手段であり、器にすぎない。そこでいかにすれば人間本来の生き方ができるかということが大切である。やはり「施設依存」という今日の社会の考え方は、仮のものであるという「施設」本来の意味に帰って、もう一度反省してみる必要があるのではなかろうか。「施設」という言葉そのものが、人間が本当の自分自身を見失ってはならないということを、現代の我々に教えてくれているようである。

2　自《じ》我《が》

日常、我われは〝我《が》〟とか〝自我〟という言葉をよく使う。〝我〟の方は「あの人は我の強い人だ」というように、自分のわがままな考えとして、どちらかといえば悪い意味で使われるが、〝自我〟の方は「自我に目覚める」というように、自己自身、あるいは、思考、感情、行為など、心理機能を司る人格の中枢機能のことを意味し、人間にとって不可欠なものであるとされる。

仏教では、自我という用例もあるが、むしろこれら両概念を含む「我（ātman）」という言葉をよく用いる。そして、行為主体としての自己自身である自我は積極的に容認するが、実体としての自我たる主体的存在は強く否定する。

いわゆる西欧流人間関係諸科学においては、自我の確立という考え方が学問や実務の上で大きな比重を占める。ことに、自己を経験する課程を「自己実現の課程」とするユング心理学の立場から「自我」という言葉が盛んに用いられるようになった。

仏教以前のインド思想においても、自我（我）とは人間の中心になり、最も基本的な常住なるものであると考えた。そして、古来この自我の意義が力説され、「宇宙即自我である（梵我一如《ぼんかいいちにょ》）」との神秘的体験を最高の境地とする思潮が主流を占めてきた。

これに対して、ブッダはこれを批判して、自我には実体はないとする無我の思想を打ち立てた。ブッダによると、自己のみならず、人生、社会、宇宙はすべて、固定性のない無我（実体のない）なるものであるから、それはいかにでも変容しうるものである。人間の心にも自由意思が存在し、これによって、修養・努力による人間向上の可能性も認められることになる。

自我は実在するのではなく、縁（条件）によってあるのであり、そういう関係性の上にすべて成り立っているとする立場である。従って、我われは日常の人間関係においても、自我のみを重要視するのではなく、自己も他者も環境・社会も縁によって成り立っているというその関係性をもっと大切にする東洋的な着想を忘れてはならないのではなかろうか。

3　遊　び

「遊び」という言葉には、辞書を引くと、「慰み」「遊興」「賭博」「遊女」「失業」などという意味がある。現代は遊びの時代とも言われ、人々は様々な遊びに興じている。しかし、やはりそこには何かしら後ろめたいものを感じるであろう。

ところが「遊び」あるいは、その動詞「遊ぶ」は仏教用語であり、仏典に「一時仏那難陀《なーらんだ》に遊び」というような用例もある。これは決して仏陀が遊び呆けるというような意味ではない。その原語は viharati であり、逸脱等を意味するのでははなく、むしろ、「存在している」というような現代進行形的な意味をもち、そのことから、「住む」「経巡り歩く」「くつろいで留まる」「ゆったり過ごす」という意味になる。この動詞の名詞形が vihāra で、「精舎（僧院）」と訳される。また、最近長岡市に開設された仏教ホスピスにこのような場所でありたいという願いを託して、創唱者が「ビハーラ」と名づけた。

仏教では、巷を説法して歩き回ることを「遊行」と言い、現代語で〃ユウギ〃と発音する「遊戯《ゆげ》」とは菩薩の自由自在な活動のことで、仏の境地に徹して、人々を導き、それによって自らも喜び楽しむことである。そうするとこの概念は、教化するものとされるものが一体となって自在になるというカウンセリングの最終場面とも会《え》通《つう》することになる。すなわち、「遊び」とは、人間本来のあり方に帰ることを意味する。

このことは仏教だけに限らない。たとえば、文化人類学の岩田慶治先生は、その著書で人間の本質と子供の遊びとの関連に注目し、「仏教も、アニミズムも、子供の遊びも、同じところ、同じ宇宙の、同じ土台の上に、それぞれの構造を築き上げていた」と述懐されている。つまり、人間が遊びに志向するということは、宗教とか、西洋・東洋とかいう以前に、人間存在の根抵に「遊び」があり、人々がそこに帰ろうとしているのだということである。この視点は「遊び型非行」というような烙印をおされた非行少年の治療に特に有効である。このような意味は、「車のハンドルの遊び」というような現代語の中にも残されていて面白い。

4 非《ひ》行《こう》

今日、「非行」という用語は、主として刑罰法令にふれるような行為をした少年に対して用いられる。すなわち、少年法第三条にいう虞犯及び触法行為を含む概念であり、「非行少年」「少年非行」「非行集団」「非行を犯す」など日常よく使われる言葉でもある。ほかに、家庭内暴力、陰湿ないじめなどの行為を指すこともあり、いずれも非行を犯した少年は要保護性を有し、公的機関において、保護・観察・拘束・教育・処遇などの対象になるものである。

ところが、仏教では「非行」は「ヒギョウ」と読み、「理屈・道理に合わない」という意味である。それは批判の対象にはなっても、そこには必ずしも「悪い」という意味はない。要保護性のある少年には、大人に対するような犯罪という言葉を決して使わず、「非行《ひこう》」と呼ぶのはそのような意図があってのことであろうか。

この場合とは語源は異なるが、仏教には別の意味で「非行《ひぎょう》」という重要な概念がある。「行《ぎょう》に非ざるもの」という意味である。「行」とは、無限の過去を背負っている我われの存在を成りたたしめているその根底にあるはたらきである。その反意語である「非行《ひぎょう》」とは、人間のあらゆる計らいを越えたものであり、仏の境地そのものである。『歎異抄』にある「念仏は行者のために非行非善なり」というのはこの意味である。念仏は自力の行ではなく、仏の願いのはたらきそのものであり、私は生きているのではなく、生かされているという立場である。

非行臨床実務において、「非行《ひこう》」とは先験的には存在しないある行為を、周りのものがそれとみなすだけであるという考え方がある。すなわち少年がとる非行行動は、自ら行っているのではなく、人間の本来性に根ざしたある訴えであるという立場である。大人がそうだと決めつけてその少年にある烙印を押すのではなくて、その少年がそういう悪い行動をとるのは何故なのか、何を大人に訴えているのかという声を聞こうとする発想の転換を、この「非行《ひこう》」という言葉は教えてくれている。

5　出《しゅっ》生《しょう》

辞書で「〃しゅっせい〃出生」を引くと、「〃しゅっしょう〃を見よ」とある。それはこの言葉が仏教用語であることを示している。文字どおり、胎児が母胎を出て生まれることである。「出生《しゅっしょう》」という名詞、あるいは「出生する」と動詞に使われる以外に、「出生地」「出生届」など、日常よく使われる言葉であり、また司法福祉臨床現場における身分ファイルに必ずあり、これが仏教用語であることはあまり意識されないで使われている。

仏典には、人が出生するということは、父母の和合など様々な因縁によって成立することが述べられ、「もしくは母が飲食をするとき、種々のこれこれの飲食物や精気（エネルギー）によって活命することが胎を受けることの根源である。形体が完成し、感官がそろい、母によって出生を得る」（増一阿含経巻30）と説かれる。このように、出生という言葉には、私がこの世に生まれてきた背景は種々様々な縁（条件）によっているのだという意味が込められているはずである。

このことを現代の我われにはっきりと教えてくれるのがブッダの出生をめぐる伝説である。このことはまた「生誕《しょうたん》」「降誕《こうたん》」などという言葉で讃えられる。よく知られているように、ブッダは生まれたばかりで北に向かって七歩歩み、「天上天下唯我独尊《てんじょうてんげゆいがどくそん》」と声高らかに獅子吼《ししく》（ブッダの説法するさまを譬えた表現）したという。この言葉の字面を見ると、ブッダは何と傲慢な人であると思われるかも知れない。

ところが、この部分に相当するインドの原典を見ると、「私は世界で最も老いた者である。これは最後の生である。もはや輪廻はない」という文が加わっている。生まれたばかりの赤ん坊が最も老いたというのはどういうことであろうか。それは、誰よりも多くの輪廻を繰り返して、今ここに生まれてきたという過去を背負った言葉であり、もうこれ以上生まれ変わることはないという決意を秘めた言葉なのである。そうすると、「唯我独尊」とは、「私は様々な因縁によって、誰よりもかけがえのない尊い命をもらってこの世に生まれてきた」という自らの自覚を表現した言葉ということになる。出生とは、我われが今ここに生を受けて生活しているこの現実が如何に意味深いものであるかを考えさせてくれる言葉である。

6　出《しゅっ》家《け》

出家とは、宗教的な目的をもって、世俗生活を捨てることを意味する。そこには、家を捨てるという悲壮感、あるいは、隠遁・逃避という暗いイメージは拭いきれない。

ところが、インドにおける「出家」という言葉の原語（pabbajita）そのものには、家を出るという直接の意味はなく、〝積極的に前に進むこと〟という意味である。ブッダは、王子としての栄華を極め、結婚をして一子ももうけたが、老・病・死という人間としてどうしても避けることのできない現実を直視して、二九才で出家した。すなわち、ブッダにとって出家とは、目的をもった第二の人生への積極的出発であり、家を出ることはその一つの手段であった。

インドでは古来、アーシュラマと称して、人間の一生を学生期（学問・技術・祭祀等の修得）、家長期（生業に励み、家族を養い、社会的活動をする）、林棲期（息子に家督を譲り、森で修行する）、遊行期（巷を歩き、人生の道を人に説く）の四期に分けて、これに従う人生こそ最も理想的な生涯教育のあり方であるとされていた。そして、人生後半の林棲期と遊行期（この両期はわが国では老年期に当たる）の人が最も高く評価され、尊敬を受けていたのである。ブッダは、その遊行期の出家者の神々しい姿を見て、出家を決意したと伝えられる。

このブッダの生き方は、現代の豊かな物質文明を誇る高齢化社会における人間の生き方に大きな示唆を与えてくれる。出家という言葉の本義が、第二の人生への積極的再出発であるとしたら、たとえ家を出るという形態はとらなくても、自分の人生を真剣に考えて、新たな生き方に気づいたとき、その人の人生の新たな再出発（出家）になるということである。

最近、大学でも、人生とは何かを改めて問いなおし、有意義な余生を送ろうとする中・高年の学生・院生・聴講生などが増えている。多くの若い学生たちの中にあって、彼らの目は、誰よりも希望に輝いている。私は、若い学生諸君にも、若さに押し流されることなく、出家の本来の意味に気づき、人生に真剣に立ち向かっていく心構えをもってくれることを願っている。

7　更生

「更生《こうせい》」という言葉は「生きる返ること、新しく変わること」という意味でよく使われる日常語である。たとえば、倒産企業の会社更生法の申請、廃物の更生、悪からの更生、更生保護、更生施設、更生医療など。しかし、この言葉は、宗教的に重要な意味をもつ仏教用語でもある。

『涅槃経』という大乗経典に、体の衰弱でまさに死なんとする帝釈天《たいしゃくてん》という神がブッダの説法によって生き返ったとき、次のような感謝の気持ちを告白している（梵行品《ぼんぎょうぼん》五）。

「世尊よ、私は今、即死即生しました。命を失い命を得たのです。（中略）このことがまさに〝更生《きょうしょう》〟です。あらためて命を得たということです」と。このように仏教においても、過去を捨てて、まったく新しく生まれ変わることを意味している。このことは、次のような有名な仏典の物語にも見ることができる。

ブッダの時代、アングリマーラという仏弟子がいた。彼は、もと残忍な凶賊であったが、ブッダの教化で比丘になった。ある時、彼が托鉢していると、難産の婦人を見かけた。当時、お坊さんに真実の言葉を唱えてもらうと安産するという俗信があり、婦人は彼に真実語を求めた。しかし、何百人もの殺人をした彼にとって、自分の過去についての真実の告白はどうしてもできないので、ブッダの所へ帰り、教えを求めた。そして彼はブッダに教えられた「私が仏弟子となって以後、決して他を害したことはありません」という真実語を婦人の前で唱えたところ、彼女は安産した（『中部経典』86）。

彼は出家をしたけれども、過去のことにとらわれて、なかなか覚りが得られなかった。しかし、このブッダの教えによって、暗い過去のしがらみを越えて、仏弟子としてすっかり生まれ変わって、これからの精進こそ大切なことであることを学び、覚りの境地に達したという。

一般に、更生というのは、周りから手助けされるもの、与えられるものと受けとられがちであるが、私たち自身が強い意志をもって、新しく生まれ変わり、変革していこうとする主体的な意味をもつことをあらためて仏教は教えてくれている。

8　意《い》　地《じ》

「意地」という言葉は、一般に、自分の思うことを通そうとする心という意味に使われている。日常、「横綱の意地にかけて」「男の意地」などという使われかたもあるが、だいたい「意地を張る」「意地を通す」「意地になる」、あるいは、「意地悪」など、「強情」と同義で、どちらかといえば、あまり良くない意味に使われているようである。

「意地」はもともと仏教用語であり、人間の五官による認識（眼識・耳識・鼻識・舌識・身識）の次にくる第六意識（心）のことである。それは、あらゆるものを成立させる根源になる大地のようなものであるから意地と言われる。人間の心は、ちょうど大地のように、あらゆるものを生み出し、またおさめる無限の可能性をもっているからである。

しかし、人は人間関係において、どうしても自分中心にものを考えるものである。その心が日常語でいういわゆる〝意地〟という感情を生み出し、それが思うようにならないとき、被害者意識がはたらき、怨みが発生し、そこに紛争が起こってゆく。

そのように、心は思い通りにならないということは、人間の歴史始まって以来の大きな問題であったろう。ブッダも、もちろんこの問題に真正面から取り組み、人生が思い通りにならないこと（苦）の生起する原理（縁起の理法）を発見した。仏陀は心について次のように説いている。

「遠くさすらい、独り行き、形もなく、洞窟に隠れた、この心を制御する人は、魔王の束縛より脱する。」（『ダンマパダ』第37偈）。

仏教は、まさにこの心の制御の道を教えるものである。人間の心を分析すると、誰にもある絶えず自己を愛してやまない領域の深層意識から、思い通りにならない心（意地）が生じ、それによって人生の様々なトラブルが発生していく。後に大乗仏教では、この心を分析して、その背後に、あらゆる認識経験を蓄えると同時に次の心を生み出すもとになる原理であるアーラヤ識という深層意識下の意識を研究し、そこに人間存在成立の不思議なメカニズムを解明していった。

そのような紛争をもたらす自分の心をコントロールする方法を追究していくのが仏道である。ところが、その心を制御するのも、実は、大地のような心（意地）に他ならない。今日、いわゆる意地によって様々な家庭内紛争が起こっているけれども、実は、その意地という言葉そのものの奥に、紛争解決の鍵が隠されているのである。

（吉元信行）

10　時代を走り抜ける子どもたち

1　高速道路上の水スマシ

先日、私は、所用で夜半九時過ぎに阪神高速道を走っていたとき、短い走行区間に三度もの渋滞に出くわした。交通事故が発生して片側一車線が運行不能となったための渋滞だった。

最初のは追突事故で三〜四台が玉突き衝突となっていた。続いては、走行中に側壁に衝突したらしく、前部がへしゃげた一台がT字型に本線をふさいで停止していた。フロントガラスの破片が散乱していた。

三度目のは、やはり追突で発生直後らしくパトカーが駆けつけたばかりの生々しい現場の様子だった。いづれもスピードの出し過ぎだったのだろう。

事故現場を通過すると、車線は広がってせき止められていた車の群れは勢いよく走りだした。さながらあふれ出す洪水のようだった。

その中を、ちょっとした空間を巧みに右に左に車線変更して、高速で他車を抜き去り、それをまた追っかける車が二台三台と続いた。

水の面をたわむれる水スマシかアメンボを連想した。

事故の車も、走り去った車も、その車種や、かい間見た運転者の姿から、若いものが運転していると見受けた。私などは、事故の光景に、悪寒が走って文字通り臆病風に吹かれて運転を続けざるを得なかったのであるが、目撃したかぎりでは、彼らには、目前の事故は〝わが事〟としては映っていないかに見えた。と言うよりは、彼らは、あえてR・カイヨワのいう「一瞬だけ知覚の安定を崩し、明晰な意識に一種の心理的パニックを惹き起こそうとする試みを内容とする遊び」のための運転をしているのだと私は思った。

私は、当時大阪家庭裁判所の道路交通部に所属していた。年々、若ものの交通事故は増え続けてきている。今日も「……いっそ、死んでしまった方がよかった……」と、片眼失明し、松葉杖をついて出頭し、私の前で落胆して話をしてくれた少年に、勇気づける言葉もなかった。彼は、高速でカーブを走行中、対向してくるダンプカーにおどろいて急制動しようとして横転、滑走してはげしくダンプカーの側面に衝突した。「安全運転義務違反」を問われた。

2　「ローリング族」の出現

すさまじい「モータリゼーション」は、子供から生活空間を奪い去った反面で、それ自体の中に新しい生活空間、とりわけ子供にとっての遊び空間を提供することになったことは、よく知られるところである。その象徴としていわゆる「暴走族」の出現とその変遷が位置づけられる。

その領域に、昨今「ローリング族」と呼ばれる、自動二輪車をあやつる若ものの群れが在る……。

ローリング族とは、カーブの連なる公道をまるでプロレーサーのように猛スピードで走り抜け、誰が最も高速で走ったかを競って遊ぶ（「最速を取る」という）バイク少年達の群れである。

ローリング族が出現したのは、今から五年程前に、レーサータイプのレプリカが発売されてからとされる。全国ではその数五万とも一〇万とも言われ、関西近郊では、奥琵琶湖パークウェイ、天理ダム、金剛山、高野竜神スカイライン、阪奈道路、表六甲、裏六甲、西六甲各ドライブウェイ等が彼らの舞台となっていた。

3　ひとり遊びの個人の群れ

過日、ローリング族の生態を追ったテレビ報道番組（「地球発一九時」）があった。場面場面でのインタビューに少年たちが、それぞれに応えているのだが、彼らの言葉に私はつよく興味をそそられた。

以下は、その番組の中の少年たちの「応答」をとり上げて、その「意味」を考察しようと試みたものである。（少年たちのことばは、できるだけ正確に採録したつもりだが、この番組自体は、素材として用いたに過ぎない）

「気持いいです。本当に。風になってしまうというか」

「おしとやかなだけが女の子じゃないじゃないかと」

「フラストレーションの解消の場みたいな……」

「たとえばテニスをやるとか。それを私はオートバイでやる。それで女の子の個性ができるわけ。そういう意味でオートバイは一つのファッションだと思います」


答えているのは女性ライダーのグループである（実務体験からも、女性の自動二輪ライダーは、確実に増加してきている。将来はバイクの整備士あるいはレースチームのメカニックになりたいという少女にわたしは幾人か出会っている)。自動車の運転は、乗る人の性格や心理状態が正確に反映する。若ものが自動車よりはオートバイを好むのは、オートバイそれ自体は不安定な存在であって、人間が乗ることによってはじめて安定して走行する構造をもっており、自動車よりも、自分自身をより忠実に表現してくれるからである。自分に存在感を与えてくれ、自分を確認させてくれるからである。スピード感を直接肌に感受し、本当に風になってしまうことで、自分の現実から脱出したいとする願望と、反面自分を自由に表現したいとする願望とを同時にかなえてくれる「手段」としてオートバイ運転を享受するのだろう。ものごとの是非や善悪を深く追求せず、時代のファッションとして平気でこれを取り入れるのも、若もの固有の行動様式なのだろう。


「いやもう事故しても〝キング〟になりたいです」

「目立ちたいから」

「いま痛くないけど、曲げると痛いです。……(略)……ま、無理したら死にます。これから、死なない程度に走りますけど、いつ死ぬか分からない」

「いや、直ったら乗りたい。もっと青春したい」


オートバイは、その形態や機能から男性性や力を象徴する。少年たちはメカの力を補塡してエネルギーあふれる「行動化」を果たそうとする。その欲求の強いあまりに、少年には「死」が見えない。死をかけて、少年は自分の男性性を強化しようと試みることになっているのだが、少年自身は「生きる証《あかし》」を、それに見出そうとしているのかも知れない。

「体？　ちょっと痛い。……また修理代かかっちゃうな」
「やったときは止《ゃ》めようと思ったけど、えっと、分かんない」
「たぶん走っちゃうと思います」

（運転中に転倒負傷し、足から血を流している少年に、インタビュアーの声がふるえていたが、それにもまして「また修理代がかかっちゃうな」となげいている少年の声が印象的だった……）

俗に「ひとコケ一〇万円」という。その支払の痛さもさることながら、横転したオートバイを見やる少年の眼はまるで人を傷つけた想いをこめているかに見えた。自分の負傷を顧みず、オートバイの身を案じるかのようだった。

少年たちは、例外なく自分のバイクをいとおしむ。どんなに不精な少年でも、こと自分のバイクの手入れに関しては、驚くほどマメに、乏しい自分の私財？　の全てを投じて惜しまない。飾り立てるよりは、その性能をフルに発揮させてやりたい一心ともいえよう。

つまり、惜しみなく自らの愛をそれに注ぐようである。私は、少年たちは、本来、人と人との関係の中で、交わし合い学び合う「関係」のとり方を、人とメカの関係の中に代替しようとしているのではないかとさえ思える。それ程に少年は、自分とオートバイとの間に親密な関係を求めようとしているのではないか。だとすれば、オートバイ（運転）に魅せられる少年は、対人関係においては、およそ孤独感、疎外感もしくは不信感を先行させているることになりはしないかと考えるのである。

「走り出すとき、こう、ギャラリーからさあ走るぞって。キー差して、エンジンかけて、で、単車にまたがってブローしたりしますよね。その時は、はっきり言ってものすごく怖いんですよね。なんだか知らないんですけど。この先本当に、本当にまた生きて帰ってこれるのかなーとか言って、無事に帰ってこれるのかなーって言って。でも一旦ギアを一速にいれて走り出しますよね。で、コース上に出ますとね。そんなことケロッと忘れてしまうんです。よーしとか言って。もうただひたすらアクセルを開ける一方……」

強さの証が欲しいのか。その裏にどんな弱者の自己認識が潜んでいるのか。どんな我慢に耐えているのか。もっと攻撃的な衝動が含まれているのか。仲間の承認が欲しいのか。

私は、少年はもっと異なる何かを希求し続けようとして果たし切れないでいる、乗り超え切れないでいるあがきの言葉を述べているかに聞いてしまうのである。

「はい。やっぱりあいつと会ったのは、知り合ったのもこういうのがきっかけだし。やっぱりなんか、ここへ来ているだけでも何かあいつと一緒にいるみたいな、それでこうやって皆といるのが楽しいし、こういうのがなくなったらあいつも寂しいと思うし」

ローリング遊びの中で、一七歳の高校生が電柱に激突して死亡した。その電柱に仲間の少年たちが集まり、彼らだけの葬儀が行われるのである。彼らは、思い思いの黒っぽい服飾をしてきていた。花を供え、供物をまつり、煙草を立てて焼香した。まぎれもなく、日本文化を伝承する儀式をふまえていた。

ある意味で、時代の最先端を走り抜ける少年たちのこのセレモニーの光景に私は感動を覚えた。

精神分析学者エリクソンの理論に則って言えば、人は、思いのままに操作できる玩具（と自分）の小さな世界で遊ぶ幼児期を過ぎると、今後は仲間と遊びを共有しようとする時期に入るという。

私は、ローリング族と呼ばれる少年たちは、本質的には、孤独なひとり遊びの個人が、共有を求めて、場に、こもごも群がってきたものに過ぎないものであって、しかも共有し切れなくて、またひとり遊びに戻るその往復運動をくりかえしている群れだと考えたい。

実際、彼らは互いに集ったその場限りの仲間の関係でしかないことが多いのである。

日本語でいう「遊び」の根源的な意味を「仏教語大辞典」に求めて見た。「遊《ユ》」（viharati, vicarati）という概念がこれに当たる。

本書9の3でも触れたように「遊《ユ》」とは、いわゆる逸脱等を意味する「遊び」という意味ではなく、むしろ「存在している」とか「〜している」というような現在進行形のような意味をもち、そのことから「住む」「経巡り歩く」「くつろいで留まる」という基本的な意味をもつ。

人間存在の根底に〝遊〟があり、たとえばローリング族の群れたちが、そこに帰ろうとしているのだという立場に立つとき、私は少年たちが表出する言葉の意味するものの中に、おのずから、処遇への道が見えてくるような気がする。「最近、死に対する意識に乏しい子供たちが増えている」と、さきの番組ではコメントしていたが、果たしてそうであろうか。

「生きることは良いことだというのは、とりもなおさず生きる中に良いことを見つけ出す可能性があることを意味する」とは、加藤周一氏のことばと思うのだが、その可能性を見つけ出させる懸命の努力を、大人たちは、子供に向けて尽しているだろうか。

せめて、子供たちの言葉を、真摯に聴いて「本当にそうなのか、もっとちがうことを話したいのではないのか」「本当にそうしたいのか。それしか道はないのか。もっと別な新しいことをやって見ないか」と語り合い、問いかけてゆく積極性が大人たちに要ると思う。子供たちは、それを大人に求めて求め得ず、はぐれ鳥同士が群れるように、ただ群れて、群れることで互いをなぐさめ合っている場合が多いと言えまいか。

（東　一英）

11　ともに泣きともに拝む

この頃、特異な少年の非行事件が多発し、テレビなどマスコミでは、家庭裁判所、少年鑑別所、少年院仮退院、保護観察、保護司などの言葉がよく出てきます。私は保護司をしていますので、これらの非道な少年の事件にはことのほか心を痛めずにはおれません。彼らは私たちに一体何を訴えようとしているのでしょうか。

保護司とは、法務大臣の委嘱を受けて、非行少年や犯罪前歴者の更生補導あるいは、地域の犯罪予防活動に携わる民間のボランティアです。私がこの仕事にご縁をいただいたのは、いまから三五年ほど前、大谷大学を卒業して大学院に進学しましたが、そのかたわら京都市内のある更生保護施設に就職し、そこで補導員という仕事をするようになってからです。更生保護施設とは、身寄りのない、あるいはあっても諸般の事情で家庭に帰れない非行少年や犯罪前歴者を収容して、専門的補導援護を施し、社会に復帰させるための民間の施設です。すなわち、保護司が在宅の対象者を扱うのに対して、更生保護施設はいわば病院のようなもので、そこに対象者を収容して、重点的な補導援護をするわけです。私はその施設にいたときに保護司を委嘱され、以降七年ほどしてこの施設を辞めてからも引き続き私の居住する地域で保護司を委嘱され、今日に至っているわけです。

そういうことで、今までに何百人もの非行少年や刑余者たちと接してきました。その施設では、常時四～五〇人の対象者を扱っていましたし、その経験はもうずいぶん昔のことで忘れてしまったことも多いのですが、今でもまざまざと思い出されるケースもいくつかあります。補導に従わず逃亡を繰り返した少年、私を騙しに騙し、非行を繰り返す少年、喧嘩好きで、同僚の大人を殴り跳ばした少年（それから一〇年ほどして、街の交番でもう大人になったこの子が殺人犯として全国指名手配になっている顔写真を見て心が痛みました）、へべれけに飲んだくれて、もう刑務所に返してくれとだだをこねて泣きわめく老人の刑余者、面接の時、ポケットからナイフの刃をちらちら見せて私を威圧しようとしていた刑余者などなどです。冷たい社会の目に自暴自棄になっている人たちもいましたが、大半の対象者は立ち直ろうと一生懸命努力していたように思います。宿直の夜などで、涙ながらに生い立ちを語る少年と一晩中語り明かしたこともありました。

そこは対象者から自助の責任を引き出し、社会に適応するように復帰させていくというケースワークの場であり、また、対象者に自己自身を理解せしめ、新しい方向を目指して、積極的に歩めるようにしていくというカウンセリングの場でもありました。その施設では、警察官や刑務官などの経験をもったベテランの人たちがそれぞれの立場で献身的にその仕事をしていました。私は大学では仏教学を専攻しましたので、ケースワークやカウンセリングの知識もまったくないまま、見よう見まねで仕事をせざるを得ませんでした。

そこで私は講習会に行くなどして、カウンセリングの勉強をしてみました。すると、西欧から入ってきたこのカウンセリングの理念が、今まで学んできた仏教理念とよく似ていることに気がつきびっくりしました。つまり、インド各地をあまねく遊行して、悩める衆生を救い、大般涅槃のその時まで対機説法をおやめにならなかったブッダこそ偉大なカウンセラーであり、さらにブッダの教え、仏教こそ実践的には大きなカウンセリング体系であるということに気がつき、そのことが私の研究の柱となったわけです。仏陀当時の仏教（原始仏教）を専攻した私は無意識のうちにその施設で仏教カウンセリングをしていたことになります。

私はこのことを論文としてまとめ、保護観察官、家庭裁判所調査官、刑務官、保護司など司法福祉関係実務家に配布されている『犯罪と非行』という雑誌に発表しました。しかしこの論文にはほとんど反響というものはありませんでした。その後私は大学で研究の場が与えられたため、たまたま生活のために仕事をしていたこの施設でしたが、このことが縁となって、そこを辞めてからも、私の住んでいた地域で一保護司としてこういう仕事に関わることになりました。

ところが、それから一〇年ほどして、私の研究室にある外国人女性の訪問を受けました。彼女はイギリスの保護観察官で、ソーシャルワークの限界を克服すべくに仏教理念を活用するために日本の福祉と仏教を学びに留学に来ており、私の論文に共感したとのことでした。彼女と面談しているうちに、その意図が私が書いた論文の趣旨と同じであることにたいへん意を強くしました。彼女はまもなく日本での研修の成果をまとめ、英文の論文として発表しました。この内容は、ソーシャルワークの専門家となるための訓練を受けた英国の公務員が、自分の受けた教育による方法論に限界を感じ、その克服のためにまったく異質の概念である仏教理念を導入しようと意図するものであり、私たち仏教徒や実務家を啓発するものでした。そこで、私を含めた有縁の研究者や実務家が共同してこの論文を翻訳し、私の論文の発表先と同じ『犯罪と非行』に発表しました。皮肉なことに、この翻訳論文にはたいへんな反響がありました。しかも、この研究を踏み台として、仏教司法福祉研究会という共同研究が二〇年後の現在まで続けられています。

イギリスの保護観察官である彼女の指摘する仏教カウンセリングの基本は、まず人間は変容するのが当然であり、ワーカーは受容に徹して、カウンセリング場面の現在今を重要視すべきであるということです。それには癒すものと癒されるものというレッテル付けを止めるべきである、とするラベリング否定論をとなえます。このラベリング否定論は現代の臨床諸科学の課題となっており、その論拠を仏教理念に明確に求めたところにこの論文の意義があるのです。仏教における人間関係は、その深いレベルにおいてはカウンセラーとクライエントという対立はなくなり、両者の関係は重なってしまうのです。このことは仏教徒としては常識ですので、これまでそのことをあえて主張する仏教者はいなかったのですが、仏教徒以外の外国のソーシャルワーカーから指摘されて、始めてその論点が鮮明になったことになります。しかも彼女は、日本のソーシャルワーカーは、西欧のソーシャルワークに学ぶ前に伝統的に日本の文化として培われてきた仏教理念にこそ学ぶべきであると述べていました。このとき、彼女の指摘によって、私の考えてきたことにより自信がもてました。その意味でも彼女の業績は評価すべきと思います。

私の担当する様々なケースはまさにこの仏教カウンセリングの立場で行っていたことになります。数多くの対象者を担当してきましたが、その大半のケースにこのことが実証されたのではないかと思います。地域の保護司として、一五年ほど前に担当した次のような難ケースは特に思い出として残っています。

少年院を仮退院してきた少年N君は父子家庭でした。父と喧嘩ばかりして、深夜二時頃電話がかかってきて仲裁に駆けつけたこともあります。友人から金やバイクを借りまくり、来訪のない状態が続きました。父親は、少年をもう一度少年院に戻してくれと訴えるような非常に荒れた家庭でした。三年ほどして、本人が市役所の臨時現業職員として就職してから、社会的責任というようなことを感じたのか、本人の態度はやや好転し、保護観察ももうすぐ終了（満期退院）というところまでこぎつけました。ところがその直前、飲酒の上で暴力事件を起こし、家裁より呼出を受けたとの相談が本人よりありました（呼出はもちろん平日で、仕事を休まねばなりません）。これが市役所にばれたらくびになる、どうしたらよいかという相談でした。私は家庭裁判所調査官に事情を説明して、呼出に日時を考慮してほしいと依頼しました。すると、担当の調査官は勤務時間外の夜に少年の自宅に出張してくれるという超法規的措置をとってくれました。審判では、新たに二年間の保護観察になりました。その後少年の更生態度は一変し、半年で保護観察の良好停止、更に三カ月で良好解除にこぎつけました。さらに、そのとき市役所職員として正採用ということになり、私はN君と手を取り合って喜び合いました。

このケースは、私が絶えず少年のそばにいて、彼がいかに荒れた行動をとろうと、じっと見守り、本人の気づきを気長に待っていたことが成功に導いた原因だと思います。私は、少年にとって一度や二度のマイナス指向(それが再非行の場合もあり得る)も本人の気づきをもたらすものであればやむを得ないと思います。家庭裁判所調査官の面接や審判での裁判官の言葉がその転起になることがあります。

このような事例は必ずしも非行少年ばかりとは限りません。大学での私の指導の学生にもよくあることです。私のクラスの学生K君が、寮の朝の勤行に出た後、またすぐ寝てしまうという状況が続き、大学に行かず、自閉的症状になって自分の殻に閉じ込もってしまいました。寮監の手にも負えないというので、私は彼を呼び出して面接しました。事情を聞くと彼は「何もかも面白くないんです」といいます。彼はある田舎の寺の後継ぎでした。そのことについて訊ねると、「もちろんあとを継ぎますよ」と答えます。それで、「君は本心でそう思っているのかね」と聞くと、「そりゃー、親が期待していますし、檀家の人達も卒業を楽しみにしていますから」と彼は下を向き、消え入るような声で答えました。私はこれが原因だと思いました。そこで、私は、「なるほど、しかし、寺を継がない方法だってあるんだよ。自分が納得しなければ、寺を継いでも意味がないしね」と言葉を返しました。

そのとき、彼は何も答えず、ただびっくりしたような顔をして、私の顔をまじまじと見つめていました。私はすかさず、このままでは欠席が多く単位も当たらないので、とりあえず期限内に人生について何でも感じることを書いたレポートを提出するように指示して帰しました（この授業は「人間学」というテーマ）。彼の潜在意識には、寺を継ぐことに嫌悪感があるが、しかし、そうしなければならないという隘路に自己を追い込み、その結果どうしても日常生活が無気力で怠惰になってしまっていたのです。彼はいわゆる〝ねばならない症候群〟のとりこになっていました。

ところが、その後彼に一つの転機がありました。寮での生活が見違えるように変わったという報告が寮監からあったのです。毎日真面目に登校するようになり、性格も明るくなったといいます。ちょうどその頃、彼が私に約束していたレポートが出されたのです。そのレポートの中で、彼は、自分が何故寺に生まれなければならなかったのかという疑問から始めて、自分は親に頼んでもいないのにこんな寺に生んだ親に対する不満、自分の好きな仕事に就職できない不満、檀家や社会に対する不満を綴り、あたかも自分が悲劇の主人公であるかのような文章をまくしたてていました。これを読んだ私は、「しめた」と思いました。このレポートに今までの悶々とした自己のすべてを出してしまうことで、彼は一つの段階を越えることができたのです。彼はこのレポートとはまったく逆の方向を歩むことになりました。その後も彼は真面目に就学して、クラブ活動にも精を出し、心配されていた留年をすることもなく、明るい大学生に戻り、卒業していきました。

彼は、一種の「登校拒否症」であったでしょう。常に「ねばならない」を自らに強いた結果、身動きができなくなっていたのです。それはまさに仏教でいう「無明」の状態です。ところが、私との「面接」と、本人の書いた「レポート」という転機により、光（明）が見えてきたのです。彼はおそらく彼の思いもしなかった、しかし内心彼が求めていた「寺を継がない方法だってある」という私の受容に従ってレポートをしたためたと思います。

ところが、提出に当たってそれを読みかえしてみたところ、彼がいかに自己中心で、その考えに矛盾のあることに気がついたんだと思います。

これらのケースのことを考えるとき、私は「白いケシの実」という有名な仏教説話を思い出します。キサ・ゴータミーというお金持ちの奥さんに玉のような男の子が産まれました。目に入れても痛くないほど可愛がって、大事に育てましたが、可愛い盛りの三歳の頃、この子は病気で死んでしまいました。その奥さんはあまりのショックに狂乱状態になって、その子の遺体を抱いて、「誰かこの子の病気を治す薬を知りませんか」と巷を徘徊し始めました。人々はあきらめるようにいうのですが、本人はどうしても聞きいれません。そこである知識人がこの様子を見て、その薬を知っている人として、仏陀を紹介します。仏陀はその婦人を見て、「誰も死者を出したことのない家から白いケシの実を三粒もらって飲ませなさい」と言います。婦人は喜んでそれを探しに家々を回るのですが、そのうちに死者を出したことのない家なんてないことを知ります。彼女はその子を丁寧に葬って供養し、仏陀のもとで出家して有名な尼僧になります。

仏教ではこのような自己の気づきを大切にします。仏陀が最晩年の最後の旅で「自らを島とし、法を島とせよ」という有名な説法をしますが、まさにこのようなことを意味していると思います。「法」とは他との協調性・関係性ということで、そのことに則った自己の気づきを大切にせよということが仏教カウンセリングの基本にあります。

ただ、多くのケースの中ですべてがこのような成功ケースとは限りません。最後に告白しておかなければならないのは、いまでも思い出す度に胸を締め付けられるA君の事例です。五年ほど前の梅雨の頃、何気なく新聞の社会面に目をとおしていたところ、いきなり次のような記事が目に飛び込んで来ました。

午後九時頃、Y電鉄の踏切で、無職Aさん（一五）が電車にはねられ、救急車で近くの病院に運ばれたが、全身を強く打っており、まもなく死んだ。Aさんは友人二人とオートバイに三人乗りして電車の通過待ちをしていたが、後方に警官が来たので、オートバイを乗り捨てて、遮断機を乗り越えて踏切に入った。他の二人は別方向に逃げた。

実は、その前夜九時頃、なぜか気にかかり、しばらく来訪の途絶えているA君宅に電話をしたところでした。もちろん本人は不在で、母親が「今夜は出かけていますが、最近は真面目にやっています」と言うのを聞いてほっと胸をなで下ろしたのに、ちょうどその電話の頃に本人は電車にはねられていたことになります。

A君はその一年ほど前の中学三年生のときから私が保護観察を担当していた少年でした。そのさらに一年前から、A君の兄で、恐喝・窃盗・シンナー・暴走で明け暮れた高校生のB君の保護観察を担当していましたが、その間にA君も同じように非行化し、シンナーと放置自転車の横領ということで保護観察に付され、兄のB君と併せて私が担当することになりました。

観察所からの処遇計画票には、「父母への不満がシンナーへ向かわせ、自転車盗は遊び型非行であり、両親の不仲の渦中で苦労し、本人もそれを乗り越えようとしているが甘えが疎外している。教師に対する不満が登校拒否と教師暴力をもたらしている」と書かれていました。初回面接のとき感じたのは、母親の陰に隠れるようにして、おとなしくて優しそうな子で、どうしてこの子がというような少年でした。ただ、A君が「先生がもう登校しなくても卒業させてあげると言った」と淋しそうに述べていたのがとくに印象に残りました。しばらくして本人の中学校を訪問したところ、クラス担任、学年担任、補導担任、教頭先生たち次々と私の前に現れ、みんな腕を組んで頭をかかえ、本人の暴力にはほとほと参っているというような態でした。このとき、本人は家庭でも学校でも受け入れてもらえないのだということを実感しました。

このことから、私は極力本人の話を聞くことに努めました。そのうちに、本人は私にはなんでも話してくれるようになりました。やはり学校に行こうと思っているのに、結果的に行けないことを悩んでいました。そして先生の指導にも拒否的で、同じ不登校の友人と無断外泊を繰りかえすような生活が続きました。ただ、就職指導の先生との関係だけはたいへんよく、卒業後その先生の紹介で、ある外食チェーン店に就職しました。

その後の往訪で母親に会うと、職場では真面目に働いて、最初の給料で、両親と兄におみやげを買ってくれたと、涙して喜んでいました。ところがその後来訪がなくなったので、来訪した兄のB君に聞くと、仕事を辞めて、シンナーを吸って警察に補導されたとのことでした。そのような不良行為、あるいは無免許運転・無断外泊などの繰り返しの中で、打つ手もなく先ほどの新聞記事のようなことになってしまったのでした。

新聞を読んだあと、とるもとりあえずA君宅に駆けつけると、その遺体の前で父親はじっと目をつむり、母親は「本人が少年院などに送られると可愛そうだから、昨夜は保護司さんについ嘘をついてしまいました」と泣き崩れていました。私が再び頭を殴られたようなショックを感じたのは翌日の告別式のときでした。そこには高校生の制服を着た大勢の中学のときの級友たちが参列していて、出棺の直前、みんなが泣きながらA君の棺に菊の花を手向けたのです。A君にとってみんなよき友人だったのに、学校にも行けず、家庭にも帰れなかったのです。

その後、A君宅を往訪すると、新調された大きな仏壇にいつも蠟燭が灯され、その前に両親が肩を並べて坐っていました。兄のB君は「弟は僕のために死んだようなものです」と言って、それから真面目な少年になっていきました。

私は、A君は自己を犠牲にして、肉親を含めてまわりの人たちが幸せになるように訴えていたような気がしてなりません。そうするとA君は私たちはとって菩薩であったことになります。大乗仏教における菩薩とは、完成した人間になりうる素質をもちながら、一面では「相手が幸せにならない限り、私は完成した人間になりません」といって相手を幸せにするための行動をしている姿なのです。観音菩薩や勢至菩薩そして地蔵菩薩などが仏にならず菩薩の姿のままでいらしゃるのは実はそういう意味なんですね。私はいまでも、もしあのときA君の訴えにともに泣き、そしてA君を菩薩として拝むことができていたら、A君は死なずにすんでいたのではないかと反省しています。今も私は、新たな対象者と会う度にA君のことを思いだし、彼らの発する信号を聞き逃してはならないと気を新たに引き締めています。その意味で、私は大学で忙しくはしていますが、保護司として、体の続く限り対象者と接し、この仕事を続けなければならないと思っています。

少年の非行ということは、大人に対して、「助けてください」というSOS信号であると同時に、「明るい家庭に、明るい社会にしてください」という願いを実現してもらうためにむずかっている自己犠牲の行動であることを一人でも多くの大人の人に知ってもらうことがA君に対する供養だと思い、あえてこの実話をお話ししました。A君のお父さん、お母さん、そしてB君、どうかお許しください。

（吉元信行）

付録

1　研究会講義

意地・怨念・鎮魂

佐竹洋人

1　意地の定義

今日は、私がレポートをします。タイトルは付けにくいけど、キーワード「意地・怨念・鎮魂」とします。急にこういうことを言い出すと、みなさんは唐突に思うかもしれないけど、私はみなさんご承知のように、家庭裁判所に長く勤めて、家庭の紛争をいろいろ見てきたわけです。紛争というのは、ご承知のように、本来親しくあるべき家族というのが、かえって可愛さあまって憎さ百倍というのかな、お互いに愛情を持っているのかもしれないが、争いになったときにはもっと深刻で、非常にこじれ出すと、どうにも扱えなくなることがある。そういういろんな争いのプロセスを見ているうちに、争いの当事者が意地になっている、意地という言葉でとらえると、非常に理解しやすいのではないかということに気がついたわけです。意地なんていうのは日常語ですから、誰だって知っていることでして、意地になるとか、意地を張るとか、意地悪をするとかいう言い方で、誰でもなりがちなことであるが、紛争のときには特に意地というのがよく見えるということに気がついたわけです。

では意地とはどういうことなのか検討してみましょう。まず辞書の中でこの言葉はどういう意味をもつか。『広辞苑』では「自分の思うことを通そうとする心」のこと。言われてみればそうだという感じがするが、とにかく自分の思うことを何とかしたいということで意地を張るわけです。これを英語の辞書で見ると、和英で“intention”と書いてある。この“intention”を逆に日本語にすると「意図」（心づもり）という意味になる。こうなるとどうも、実際に見ている意地とちょっと違うなと思うようになった。どこが違うかというと、確かに自分の思うことを通そうとする心というものはある。それはどういうときに使うかというと、例えば、よく例に引かれるのは、「横綱の意地にかけて、全勝優勝するんだ」とかいう言い方がある。逆に、「大関の意地をかけて、横綱の全勝を阻むんだ」とか、あるいは、これは相手が対立するお相撲さんだけど、相手がモノでもよい、「私は意地でもエベレストに登るんだ」とかいう言い方もできる。その場合は、意地の相手方が必ずしも紛争相手ではない。横綱と大関と個人的に喧嘩をしているわけではない。普通は、単なるスポーツのライバルであるにすぎない。エベレストと何も喧嘩しているわけではない。冒険でもいい、私はどうしても、意地でもこの砂漠を乗り切るんだという言い方をする。

そういうことで、紛争のないときの意地ならこれでいいんだが、紛争が絡んでくると、どうも「自分の思うことを通そうとする心」では、ニュアンスが足りないという感じがする。もうちょっと、紛争のときの意地というのは、ニュアンスがあり、陰にこもった意味あいがあると思います。自分の思うことを通そうとする心を(1)とすると、二番目に、こんな定義を考えてみたんです。

(2)「相手があああだから、自分はこうせざるを得ないという心」、これだと、紛争の相手方との関係がうまく言い表せるのではないかと思ったわけです。(1)の方は、自分でそう思ってやろう、自分でエベレストに登ろうとやるんですから、自発的なんです。二番目は自発的ではなくて、他発的というとおかしいのですが、とにかく他の力によって、「相手があぁだから、自分はこうせざるを得ないという心」ということになります。それで、この定義で、紛争の中の意地の感じはわかってもらえるだろうと思って、ある学会でしゃべったんですよ。そしたら、批判がありました。「何のこっちゃ」というふうに。定義としてはあまりに曖昧であるというのです。「ああ」とか「こう」とかいうのは、いったい何のことかわからんではないかと言われまして、私はこうしか言いようがないんだけれど、曖昧だと言われればその通りでして、そこで私は考えて、最近小さな論文を書いたとき、なんか学者の人に満足のいくような言い方はないかと考えました。非常に回りくどくなるけれども、「紛争の相手方に対して、被害者的な感情を抱いて反発する心情」だと言った。これなら少しは厳密かもしれないけれど、ただ、こんな言葉を使うと、つまらなくなりましたね。ただ、これだと「心」だけでして、意地というのは「心」であるとともに、「行動」なんです。心に思うことを通そうとする。せざるを得ないとかいった行動を伴う。単に心理だけでなくて、意地というのは行動にまで足の延びている概念なんです。そんなことで、被害者的感情を抱いて反発する心だというだけではちょっと足りないので、私はさらにこの定義にくっつけて、「それが行動になって現れるときは、自分の現在将来に亘る利害損失を度外視して、相手方の言動にいちいち直接的に反応することが多い」という説明を付けたわけです。端的に言えば、相手がああだから私はこうせざるを得ないというので、相手の行動に合わせて、すぐ直接的に反応をして、そのときに自分のやることが、自分の得になるのか損になるのかが吹っ飛んでしまうという特徴があるわけです。人間というものは、ノーマルなとき、行動するときは普通は自分がこれだったら得か損か、将来のためになるかならないかを考えて、普通は自分にとっていちばん都合のいいように行動するものです。今これやったら損だと、ここは我慢しておいた方がいいという判断もあるでしょう。それから、今こそ自分のためにいいチャンスだとやることもあって、普通は人間は理性がはたらいているときには自分によっていちばん都合がいい行動をするはずだと思うわけです。ところが意地という心理状態になると、自分の損得を考える気持ちがすっ飛ぶわけです。どこかへ消えてしまい、相手がああだというところだけに反応するようになる。それだから自分はこうせざるを得ないということになってしまう。

それで、一応難しい定義を止めて、やっぱり私は相手がああだからこうせざるを得ないという定義、定義といえないにしても、ピンとくる人にはピンときてもらえる便利さが捨て難くてこれを使うんです。そうしますと、ここからひねくってゆき、これを裏返してみると、「相手がああでなかったら、自分はこうしなくても良かったのに」すなわち、不本意ながらさせられてしまったということになる。そうすると、明らかにさっきの(1)の定義とは違ったものが見えてくるでしょう。(1)のほうは、自分の意志でやるというのが辞書の定義ですね。ところが紛争の中ででてくる意地というのは、不本意ながらです。いやいやながらです。本当ならやらなくて済んだのに、不本意ながらやらされてしまったという感情が籠もるわけです。

2　甘えと怨み

相手がああでなかったら自分はこうしなくても済んだのにということになると、相手がああであったことに対して、一種の怨みが籠もるんだな。相手に何らかの期待や願望をかけていたわけです。これがひっくり返ったわけです。そこで、相手に何らかの期待や願望をかけるというのは一体なんだろうかということですが、ここに土居建郎先生の甘え理論を持ち込んでこれるわけです。

『「甘え」の構造』という有名な本があるでしょう。あそこに展開されている理論を「甘え理論」と言い、甘えということのいちばんの大本は、生まれたばかりの赤ちゃんとお母さんとの間で、赤ちゃんの抱く人間関係を示すのが甘えだといわれています。あらゆる期待や願望が文句なしに満たされる状態、それが当然と思うような心情を甘えというのです。赤ちゃんはお母さんが何から何まで面倒を見てくれるわけです。お腹が空いたろうと思えば、オッパイを、お尻が気持ち悪いと思えば、おしめをとり変えてくれるし、赤ちゃんは自分で何かをいわなくても、お母さんが何から何まで満たしてくれるわけで、それが人間としてはいちばん幸せな状態といえるかも知れないわけです。ただ、人間というのは、大きくなるにつれて、世の中はそうはいかないということをだんだん覚えていくわけですね。こちらの期待や願望が文句なしに、自動的に、周りが満たしてくれるなんていうことは、だんだん成長するにつれて、そんな望みはかなわないということを覚えていくことが大人になっていくということですね。ところが、土居先生の理論によれば、日本人はかなり成長して、大人になってからも、周りが自分の期待や願望を叶えてくれるだろうという期待をいつまでも持ち続けている。日本人の人間関係にはそういう一方的な期待や願望をかけて、相手がそれを満たしてくれるはずだという関係が非常に多い。日本人の人間関係に特徴的だというのが「甘え理論」の骨子です。決して外国人に甘えがないというのではない。甘えは本来赤ちゃんがお母さんに対して抱く感情だから、外国人だって人間だから持っているんだけど、早くからしつけによって抑圧されている。甘えがなくなるのではなく、抑圧、抑え込まれるんだと。外国人といってもアメリカやヨーロッパ、いわゆる西洋社会のことだけど、そういう甘えの感情が早くから抑圧されて、人はあてにならないものだ、だから自分は自主独立で、人に期待や願望をかけずに生きていかなければならないということをしつけによってたたき込まれるわけで、だから外国人は甘えないのだ。だけど、根底には甘えがあるはずだというのが土居先生の指摘されるところです。日本人はそれが抑圧されずにきていて、大人になっても人に期待や願望を一方的にかけやすい。土居先生によると、こういう日本人の場合、甘えの感情が満たされない、これを「甘えの挫折」というけれども、甘えの感情が満たされないときに、ひねくれるとか、僻むとか、すねるとか、怨むとかいう感情がでてくる。こういう気持ちというのは、他人に対する一方的な期待願望が裏切られたときに生ずる感情だと土居先生の持論にあります。

これを使って、そうすると意地というのは、さっきから言ったように、相手がああだったらよかったのにという一方的な期待や願望をかけることなので、意地というのも甘えの挫折の一つだと見てよかろうかと思います。ここへ意地を並べるか、つまり、ひねくれとか、僻むとか、すねるとか、怨むとか、意地になるとかをみんな並べたらいいかどうかと考えると、私はむしろ、相手がああでなかったことに怨みがまず起こるのではないかと思う。誰誰を怨むあまりに意地になるという言い方は不自然ではないのです。まず怨む感情があって、怨みが意地になって出るという、重層的というか、行動としての意地となって現れるのではないか、と私は頭の中で怨みと意地の構造的関係を考えてみたわけです。心理的で怨んで、行動面で意地になるのだと、こういうイメージを感じていただきたい。人間が意地になったときにはその底に相手に対する怨みがあると、そう理解しようと思います。怨みというのは、平凡な日常的な感情でして、誰でも知っていることですが、怨みというのは、「私怨」という言葉がありますが、怨みというのは全部「私怨」でして、「公怨」というのは聞いたことがない。憤りについては「公憤」という言葉があるのです。公憤というのは世の中に何か不正なこと、政治家が悪いことをしていたり、役人が勝手なことをしたときにけしからんというのが「公憤」でして、「公憤」「私憤」というのは両方ありうるのだけど、「公怨」というのはないので、怨みというのは全部「私怨」なんです。「公憤」というのは、政治家はけしからんというようにみんの前で言ってよいわけです。「あの政治家はけしからん」というように、大声で言ってよいわけです。怨みの方は大声でいえないのです。極めて私的なものです。だけど、呼ばわっていい場合が一つだけあるんです。それは、死んでからならいいんです。幽霊というのは、おおっぴらに「怨めしや」と言って出ていいんです。生きている人間が「怨めしや」というと、みんなから馬鹿にされたりする場合がある。「何言ってるんだ、それはお前の勝手な感情に過ぎないではないか」と。「恨めしいわ」「あなたは昼ご飯に誘ってくれなかったわ。怨むわよ」ということぐらいは言うでしょう。しかしそれは冗談でして、本当に恨めしいときは、「あなたを怨むわよ」ということは言いにくい。死んでからは言えるのです。ですから、怨みというのは生で出しにくいと言うことなんです。

それからもう一つ私がとってもおもしろいと思うことは、若い人はご存じないけど、「牛の刻参り」という一つの呪術があるんですな。まじないの方法でね。これは主として三角関係ですね。旦那さんに女ができた。旦那さんに女ができたようなときに、本妻さん（奥さん）が、相手の女を何とか呪い殺したい。そんなときに、日本の作法がちゃんとありましてね、牛の刻というのは午前二時なんだな。その頃にね、お腹に鏡をくくり付けるのかな。それから頭に蠟燭を三本か五本か立てて、それに火をつけて、それから憎い女の紙人形か藁人形を持って、釘と金槌と揃えて、お宮さんへいって、目的の木に人形を釘で打ちつける。それを何回か繰り返したら、最後の日に女が死ぬということになってるんですって。そういうことで牛の刻参りっていうのをやるんだそうです。恐い奥さんが、憎い夫の愛人を殺そうと思ってやるんだけど、それが、いく晩かやってうまくいけばそうなるんだけど、ところが人に見られたらパアになるんですって。せっかくこっそりやってて、午前二時だから誰も見てないはずなんだけど、それでも誰か起きてるかも知れない。人に見られたらせっかくの牛の刻参りの効力がゼロになっちゃうんだそうです。

というのはいかに怨みというのは表に出しにくいかということなんです。つまり怨みというのはそのままで出してはいかんのです。怨みは生で出せない。そこで形としては意地という形をとる。怨みを直接表現しないで意地という行動の形で相手に対する反発を示す、というふうに見ることが出来るんではないかというわけです。それで、意地になっているときには、表に出し易いわけなんです。「こういうことを意地でもやってみせる」、あるいは「意地になる」なんていうと、さっき言ったように、良いような意味にもなりますからね。「これは男の意地である」とか、「女の意地」であるとか、意地という言い方にすると世間の前に出せるというおもしろさがあるわけですね。

3　文学作品にみられる意地

以上のようなことが、定義を裏返したり、拡大というか、ほかの理論を援用したりしての、意地についての概説です。そこから後は実例でいくしかないでしょう。実例としては、私は、文学作品を例にするやり方が好きなんです。といいますのは、私が家庭裁判所の調査官をやってましていろんなケースを見てるから、ケースを材料にするのがいちばんいいようだけれども、ケースを材料にすると言うのはなかなか難しい。ケースはやはりプライバシーでして、やはり人様の家庭問題というのは、そう公にすることは許されていない。職業倫理的に許されないことなので、ケースを材料にして語ると言うことは難しい。そうすると、文学作品というのはケースの代用品になるんじゃないかということなんです。代用品どころか、本当を言いますと、私たちが家庭裁判所にいてケースを見るよりも、優れた作家というのは、もっと深く人生の、言ってみれば、真実を描き出していることがあるんで、多少文学的な言い方だけど、「文学作品は事実ではないが、真実を語っている」ということが出来ます。文学作品は、所詮小説家の頭の中で出来たものですから、作り話だと言われればそれまでなんですけども、しかし、たとえモデルのあるような小説であっても、小説家の頭の中で一度再構成されているものだから、フィクション、すなわち、人工的な構成物であるんですけど、優れたものにはそこに人生の真実みたいなものがうまく描き出されることが多い。「なるほどなあ、これはありそうなことだな」と思わせるのが優れた文学だと思うんです。

それで、意地についてては、わたくしは、森鷗外の『阿部一族』という小説がたいへん便利だということを発見したわけです。この小説をごく簡単に説明しますと、江戸時代の初期の熊本の殿様をめぐる物語です。細川越中守忠利という殿様がいまして、そしてその家来に阿部弥一右衛門というのがいたんです。……というのは歴史的事実らしいんですけど。森鷗外という人はよく調べる人ですから。

この弥一右衛門という人は、小さいときの名前を阿部猪之助と言ったんです。猪之助にはお小姓の時があった。若き日の忠利公に仕えていたわけですね。ところが、この忠利という人と猪之助というのが妙に相性が悪いんですね。それで、実際に『阿部一族』の中で書いておる森鷗外の文章を引きますと、人は誰でも好きな人と嫌いな人とがあるもので、「何で好きかなあ」、「何で嫌いかなあ」というふうに考えてみても、どうもつかまえどころがないと言うようなことを、森鷗外が書いているんです。だけど、小説を読んでますと、だいたい察しがつく。何で相性が悪いのかが分かるような感じがするんです。

それは、猪之助という人は、現代の言葉で言いますと、いわゆる超真面目人間でして、仕事をやらせたら一分の隙もないというわけですね。ところが、あまり完璧すぎると、相手の人にとっては息苦しくなってくるわけです。あまりきちっとやられて、隙間なくきちっ、きちっとやられると、何か「これでもか、これでもか、私はちゃんとやってますよ」といつも言われているような感じで、ちょっと間の抜けた人の方が、人間というのはホッとするところがありましてね。殿様は、そうして圧迫感を感じたわけですな、あんまりきちっとつとめるもんですから。そんなもんで、ときどき意地悪をするようになったわけです。そこで、この猪之助というお小姓がご飯どきになって、「そろそろお食事にいたしましょうか」なんて言うと、殿様はわざと「わしゃまだ腹へっとらん」とか言うわけですね。それでほかのお小姓が「お食事にしましょうか」というと「そうか持ってこい」というもんで、チクチクと猪之助さんをいじめていたわけです。日常のそのくらいのことならまあいいんです。これがまさに意地悪で、これもうすでにちょっと意地なんですよ。猪之助の方は、殿様に嫌がられてもますます真面目に仕事するわけです。殿様はそれがまた気にいらんということでまた意地悪する、というんで、もうその辺からさっきの、相手がああだから自分はこうせざるを得ないというのが、もうちらちら出てきてるんです。

まあそのくらいなら日常的なことでまだ良かったんですけど、そのうち忠利という人も年をとっていよいよ死ぬときが来たんですね。江戸時代初期、徳川幕府が出来て間もなくの頃で、後ほど禁止されたというんだけども、当時は、殿様が死ぬと、殿様にいちばん近い侍は殉死する――「追い腹を斬る」というんです。お殿様の後を追って切腹して死ぬんです。――そういう習慣があった。非常にむごい習慣のようなんだけれども、古い殿様の家来は全部殉死、腹を斬って死ぬということになるんです。ただ、勝手に死んではいけないんです。殿様の許可を取らにゃいかんというんです。それで、忠利のまわりの人はみんな許可をもらってる。「お殿様はもうすぐお亡くなりになるでしょうから、お亡くなりになったときにはどうぞ私をお供につれて行ってください」というんです。

ところが忠利は、弥一右衛門だけにはどうしても許可を与えないで、「お前は生き残ってわしの息子に仕えてくれ」と言うんです。そんなことはできるはずがないんで、光尚という若様はもちろん自分のまわりに家来を持ってますから、お父さんの、しかも気に入らない家来を使えるはずがないんだけども、「いや、お前は生き残ってくれ」と言ってなかなか許可を与えない。それでいちばん最後の時に弥一右衛門さんが言うには、「私はこれまで殿様にお願いと申すことを言ったことがない、だからこれが唯一のお願いだ」というふうに言うんです。「これが最後のお願いでございます」「いややっぱり生き残って息子に奉公してくれ」というんで、とうとう物別れになった。

そうすると弥一右衛門さんは死ぬに死ねなくなっちゃったわけです。死ぬに死ねなくなりまして、それでも真面目な人ですから、出勤しなければいけない。もう殿様は死んじゃったんだけど、弥一右衛門はしょうがないから毎日出勤してたわけです。そうしますと、そのうちにいろいろ世間が噂をするようになって、「あの人何で生き残ってるんだろう」ということになるわけですね。それで弥一右衛門さんはそれぐらいならまだ我慢できたんだけど、世間というのはむごいもんでして、そのうちに「あの人きっと命が惜しいんだろう」てな噂になってくる。「命が惜しいんだろう」というのは、侍にとっては最もつらい批評でして、そんなこと言うならというんで弥一右衛門さんはとうとうたまりかねて、「命が惜しいと思われているなら、そんなら死んでみせてやらあ」てなことになったわけです。

弥一右衛門という人は、長男が権兵衛、それから三、四人男の子がいまして、子供達を集めて、「もう俺は命が惜しいと言われては我慢できんから死ぬ」というんで、息子達の前で切腹して死んでしまうんです。ところが世間と言うのはどういうものか、死んでしまえば死んでしまったで、許可なしに死んだことになるんで、誰も誉めないというわけです。普通、殿様の後を追って死にますと、その遺族は非常に手厚く後をいろいろ報いられる。

生活保障されるわけですね。それだけじゃない。死んだ人に息子があれば、今度はそれが侍に取り立てられたりということで、たいへん名誉なことでもあるんです。殉死した人の遺族というのは名誉なんだけど、この弥一右衛門の場合だけはちょっと妙なことをしまして、許可がなかったものだから、弥一右衛門という人は確か千五百石かなんかの大きな家柄だったんだけど、それを分割しまして、子供達に分けちゃったんです。こういう形で処理をしちゃってるんですね。そうしますと、長男にしてみますと、これだけあったのを、昔の家督相続制度で長男が全部相続する制度だったらこれだけのものが長男のところにいったはずなのに、弟達にも分けられたもんだから、足してみるとおんなじなんだけれども、権兵衛という長男にしてみれば、こんな小さくなってしまった。そんな次第で、権兵衛が、たいへんこれを怨むことになるんです。

それで、一年経って殿様の一周忌がきました。一周忌というのはまあいってみれば過去の悲しい殿様の死を忘れて新しい殿様の元で新しい時代が始まるというようなむしろお祝いの行事のわけですね。そこで、一周忌の行事の時に、殉死した家来の遺族達が皆焼香して、権兵衛も最後に焼香を許されるんだけども、その焼香の時に突然刀を抜きまして、自分のちょんまげをポンと切って殿様に供えた。とんでもないことを権兵衛と言う人はやっちゃうわけです。いったい何をやらかしたんだとことで、権兵衛という人はたちまち捕まえられて、取り調べを受けるわけです。そうしますと権兵衛が言うには、私の父親は先代の殿様に非常に忠実に仕えた。それなのに新しい殿様は先代の財産を割っちゃって私にはちょっとしかもらえなかった。こういうのを見ていると、本当につくづく侍という身分というのはつまらないものだと思うようになった。それで、今日一周忌で、殿様のご位牌を見ているうちに、ふっと侍は辞めようと思って、それでちょんまげを切ったんです。そういう弁解を、権兵衛がするわけです。いくらそういう弁解があっても、とにかくその晴れがましい席で、新しい殿様へ面あてみたいなことをやったというのは、けしからんというんで牢屋にいれられちゃうわけです。

そうしますと、弟達が騒ぎまして、これは大変だ、権兵衛が牢屋に入れられた、殺されちゃうぞというようなことですね。それでなんとか手を尽くして、殿様に命ごいをしようと思うんだけども、新しい殿様は聞き入れずに、権兵衛を切腹させたんならまだよかったんだけども、縛り首にしちゃったんです。縛り首というのは、泥棒とかよっぽど悪い犯罪者に対してやるんで、侍に対する礼を失するわけです。権兵衛を縛り首にして、そういう形で死刑にしちゃったもんだから、今度は弟達がむくれて、これはひどすぎるじゃないかと。こんなことだったら俺達もどうせ殺される。どうせ殺されるなら、殿様と一戦交えて死のうというんで、残った弟達が武装して屋敷に立て籠もるわけですよ。そうすると殿様の方では、追手を差し向けて皆殺しにしちゃうというような、そういう筋書きなんです。

それが、『阿部一族』の筋書きで、ここからでもだいたい察していただけるだろうけれども、相手の出方——殿様がこんなことをしたからこっちはこんなことをする。あいつがあんなことをしたからには死刑にする。死刑にされたらこっちはまた戦闘体制をととのえる。というので相手がああだから自分はこうせざるを得ないというのが次から次へと重なってくるという感じで、それが最後は一族滅亡みたいな、そういう悲劇になるわけですね。

4　意地と被害者意識

そういうふうにして意地のやりとりというのが、最後は極めて悲劇的なものに終わる。意地の争いというのは、大抵エスカレートして行きました、話がだんだん大きくなっていって、最後は『阿部一族』みたいに、全員殺されるようなとこまで行くというわけです。その辺のメカニズムを考えますと、さっきの定義では少し難しく、

「被害者意識」と申しましたけど、「被害者意識」で説明できるんではないかとわたくし少し考えたんです。こっちはとにかく相手に対して、「一」のものを投げたとします。「一」と受け取ればいいんですけど、被害者意識というのは「二」を投げられたと思っちゃうんだね。「一」のものを投げてきたら、「二」を投げられたと思う。そんなら「二」を投げかえしてやれということに、どうしてもなるんですね。そうすると「二」を投げられたらこっちは「三」を投げられたと思っちゃうわけです。どうしても被害者意識というのは被害を大きくみるから。「二」のものを投げてきたら、「三」に見えちゃう。じゃあ「三」返してやれって。それがね、そうするとこっちは「四」に見えちゃってということで、とめどない。段だん段だん悪くなる。意地の争いが段だん深刻になって、抜き差しならなくなるのは、そうやって被害者意識の成せるもので、相手が打ってくる手がどうしても本来の価値よりも少し重く見えちゃうということに拠るんじゃないかと私は思うんです。

さて、どうすれば、そういう段だんエスカレートしていく紛争を止めることが出来るかということなんですけど。いちばん大事なことは当事者が、「こんなことをやってたらつまらない」というんですか――それこそ自分の利益不利益、将来の損得が吹っ飛ぶんです、相手の出方に応じて行動してるから――それをそこでちょっと立ち止まりまして、「こんなことしてちゃいかん」ということで、そのキャッチボールを止めればいいんで、それが一番の根本だと思うんです。当事者の、自己洞察ということになるんでしょうね。こんなことやってちゃつまらないと、自分の破滅に至るだけだ、相手も破滅するかも知れないけども。

何か意地の争いというのは自分も地獄に行っていいから相手も地獄に落としたいというので、一緒に地獄に行きましょうってな感じがあるんですね。そんなことはつまらんじゃないか、自分の将来のことを思えば。今の、現在の、あるいは将来の利害得失を思えば、こんなキャッチボールは止めた方がいいという自己洞察がいちばん大事なんですけどもね。

5　怨念

まあそういうふうに至らないうちにどうすればいいか。そこで、私は意地の一歩前の怨念に目をつけまして、とにかく人間の紛争にはいつも相手に対するそういう怨念がつきものだということ。これに対して何か手当てをする必要があると私は考えたわけです。ですから、あらゆる争い事には、そこに怨念がこもっているというふうにみるわけです。怨念というと大げさな言葉なんですけど、要するに、相手に対する怒りでもいい、腹立ちでも同じことですけど、不快感とか、なんでもいい。何か一言でいい現したいものですから、怒りでも不快感でも、いろんなネガティブな感情を怨念という言葉で、表現してみただけです。

それにつけても、また文学作品でいちばん私がぴったりだと思いましたのは、『道成寺伝説（安珍清姫の伝説）』というのがありまして、これが怨念というのをよくあらわしていると思ったんです。『道成寺伝説』というのは、安珍というお坊さんが、紀州のあたりを旅行してまして、土地のある家で泊まったら、そこの清姫というお嬢さんが惚れ込んだんですな。お坊さんが女に惚れられたら迷惑なことなんで、安珍は困って逃げ出すわけです。そうすると、逃げたっていうんで、清姫さんが追いかけてくるわけです。そこで日高川まで、安珍という人が逃げてくるわけで。うまいこと舟があったもんだから、舟で対岸に渡って逃げるわけです。

ところが、清姫さんが日高川に来たときは、もう舟がなくなってますから、そこで清姫さんが岸辺でじだんだ踏むわけです。歯ぎしりする。そのとたんに清姫が大蛇に化けるという筋になっているわけです。清姫は大蛇になる。蛇に化けますと、川を泳げるんだ。蛇は泳ぐらしいな。そんなので蛇になる。私を捨てたという怨みがこもると蛇になる。そうすると人間というのは時々蛇になるんじゃないか、あまりに強い怨みを持つときには、人間の心は蛇に変わるんじゃないかと思います。伝説というのは、いってみれば嘘っぱちなんだけど、人間の心をうまく表しています。人間が蛇になるはずがないんだけども、心の問題とすると、蛇のような気持ちになるというのはあることです。そこで、清姫さん蛇になって日高川を渡ってくる。その間に安珍さんは道成寺というお寺に逃げ込んで助けてくれというわけです。そうすると、お寺なんで、坊さんには同情的で、大きな釣り鐘の中に安珍さんを隠すわけです。釣り鐘の中へ伏せてやるわけで、よく窒息しなかったと思うんだけれども。そこに蛇がやってきまして、そこへ巻き付くんです。蛇が釣り鐘に巻き付まして、それで、蛇が今度は、私はニクロム線に化けたというんだけれども、要するに電熱器になるんですよ。蛇が今度は電熱器に変身しまして、蛇自身も真っ赤に焼けまして、釣り鐘も真っ赤に焼けて、安珍さんは黒焼きになっちゃうわけです。

人間の怨念ていうのはそれだけ恐ろしいという一つの伝説なんです。それほど人間ていうのは変わると恐いですね。心が、蛇になるほどすごいエネルギーを持っているということの、一つの心理的な意味での証明として、『安珍清姫伝説』というのはあると思うんです。それをなんとか鎮めなきゃ、いってみれば困るわけです。

この鎮める話で、またまた文学作品を持ち出すんだけども。上田秋成の『雨月物語』というのがあるんです。『雨月物語』のなかで、その第一章が「白峯」というんです。これは、平家物語に、崇徳天皇という方がいまして四国の讃岐（香川県）の山の中に流された天皇様があるんです。崇徳上皇が流されたままそこで寂しく死んだというんで、その怨みが凝り固まっているという、そういう設定なんです。そこへ西行法師がたまたま崇徳上皇のお墓にお参りに行くんです。そうするとその崇徳上皇の亡霊がでてきて、もの凄い呪いの言葉を吐くわけです。西行という人も学者だから最初は幽霊相手に大論戦をやるんです。西行さんが幽霊と議論するわけで、あんただけ一人怨んでいるけれども、あんただって悪いとこあったんじゃないか、と言う。そうすると、この崇徳上皇の亡霊がますます怒り狂うわけです。そんなもんでとうとう最後は西行さん黙っちゃう。黙っちゃって、私はなにも言いませんと言う。そして涙を流して、歌を一首捧げて。そうしますとやっと亡霊がだんだんおさまってきまして、最後は朝がきて亡霊が消え去る、というのがこの「白峯」という話なんです。

6　鎮　魂

ここから思いつきまして、どうも人間の争いの時にでてくる怨念に対しては、議論では勝てない。議論では怨念というのはおさまらないだと。理屈でねじ伏せようたって、人間の怨みっていうのは決して消えないって。むしろひたすら相手の怨念が静まるように働きかけるしかない。要するに、議論を避けて、相手が静まるまでとにかくお相手するしかないと。静まるまでお相手する。お相手というとふざけているようだけど、大変なんです。議論をせずに怨念とつきあうというのはとっても難しいことでして、さしあたり西行さんは一晩かかったんですな。やっと朝がきて助かったというようなもんでして。とにかく相手は怒り狂っておるわけです。怒り狂っているときにどうするか。怒り狂っているとどうしてもつい議論したくなる。相手がわーっといろんな怨念が元で喋ってるときに、それを押しとどめるには、負けじとばかりに議論したって決して静まらないんです。やっぱりひたすら聞くしか無くなるんです。大抵相手が怨念をさらけ出して、まき散らしてくるときは、ひたすら聞くしか無くなるんです。ひたすら聞く、我慢してお相手する、静まるまでお相手するというようなことです。

さっきの安珍さんみたいに、逃げちゃだめなんです。逃げると追いかけてきて蛇になるし、恐いんです。真正面からぶつかるけれども、議論せずにぐっと付き合うというのが、それを私は、そういう仕事のことを鎮魂というふうに名前をつけたわけです。そう考えてきますと、実際誰でもやってるんじゃないかなという感じがするわけです。私は個人的に争い事はあまり好きじゃないもんですから、人にばーっと言われますと、自分が悪かったら謝るしかないと思いますし、自分が悪くないんだけど人にばーっと言われたときに、私は、弁解するよりもしずかに頭を下げちゃうほうなんです。この人には反論してもとても通りそうもないと思って、しばらくおさまるまで、「はあはあはあ」と言いながらやりごすのが私の対人関係のパターンなんです。考えてみれば、そういうことが、世の中のいろんな人間関係でよく行われているんじゃないか。まず相手の感情が静まるまで待ちましょうというようなことを誰でもよくやっているんじゃないかと思うわけです。

それで、いってみれば自分の怨念をばーっとまく人と、それを我慢して受け入れるという人がいる。どうもこの怨念をまき散らす人というのは世の中にたくさんいるということです。経済学の基本概念に、人間というのは自分の利害得失を基にして自分の得になるように、損を避けるように行動するもんだという、そういう一つの人間観ですね、それが経済人と言うような言葉で呼ばれている。まあ、ラテン語ですがね。これをもじりまして、人間ていうのは本来こういう言葉を使ったらどうだろうという、これはもうまったくわたくしの造語で、ふざけた造語です。「ホモウラミカス」という人間の概念を造ったらどうだろうというわけですよ。人間というのは本来は怨みっぽいもんなんですよ。人間ていうのは本来は怨みっぽいもんだけど、一方で（そればっかりですとみんながお互いに怨みを突き合わせますので争いばっかりなんで）、それを受け入れる人がどうしても必要なんです。その受け入れる側に、私はこういう言葉を造ってみたんです。「ホモガマンカス」というのはどうだろうというわけですが。どっちも「カス」がつくあたりが味噌でして、人間というのは、どっちにしてもカスみたいなもんだと思った方がいいということです。どちらもカスみたいなもんだけど、どうも世の中「ホモウラミカス」という怨みをまき散らす人と、「ホモガマンカス」といって我慢してそれを受け入れる人、その組み合わせで出来ている。そのバランスがいいと、世の中安定するんじゃないかというのが私の一つの、一種の世の中観ですな。世界観というと大げさだけど。

家族がそうなんでして、家族っていうのは非常に感情的な要素の強い集団です。家族っていうのはとりわけ感情を生で出していい。家族の間で、家族の誰かが怨みを発散すると、家族の中の誰かがそれを受け入れて治めるという。そういうふうに、家族の中で絶えず怨念を中和しているのが、正常な家族というか、家族のありようだと思うんです。ですから、私の一種の世の中の見方は、怨念と鎮魂の交錯だというような感じでみるわけです。怨念が世の中にはいろいろと発散される。一方にはそれを鎮魂する人がいるというようなことで、つまり、この言葉でいえば「ホモウラミカス」と「ホモガマンカス」とが、バランスが取れてますと集団は安定するんです。家族なんかは最もそうなんでして、家族の中では絶えず感情を中和している。むしろ人間のそういういろんな感情を中和するために家族があるんだというような感じを私は持つわけです。

それで、家族集団の中で中和しきれないときに、この怨念というのは家族の外へ溢れかえるわけです。溢れかえってどこへ来るかというと、私の感覚からいうと、家庭裁判所へ流れてくるというふうになる。家族の中でおさまりきれない怨念が流れて家庭裁判所へ来まして、家庭裁判所でわーっと発散するわけでしてね。で、家庭裁判所の職員というのはいわば鎮魂の専門家にならざるを得ないというわけです。家庭裁判所というのは一種の国営鎮魂機関である。要するに家庭裁判所というのは、そうやって家族の中でおさまりきれなかった怨念を処理するお役所なんだという考えを持っていたわけです。なんといっても、家族の中で処理してもらえば、家庭裁判所なんて要らないわけです。ところが、いろんな遺産争いにしても、夫婦の離婚問題にしても家族の中で処理しきれずに、家庭裁判所へそういうのが流れてきて、そして家庭裁判所がその溢れかえった怨念のお世話をしなきゃいかん。だから、家庭裁判所の職員というのはこの鎮魂という作業を、専門的にやる仕事だというふうに私は感じているわけです。そうしますと鎮魂というのに「あやす」という感じがどうしてもでてくる。受け入れるということです。怨念を鎮魂するというのには。「あやす」はよろしいとおもう。ただ、「いなす」とか「あしらう」とか「ごまかす」とかいうこととは違うんです。「いなす」とか「あしらう」「ごまかす」というやり方では怨念はおさまらないんで、ますます荒れ狂うわけでして、そう怨念というのを甘くみてはいけないわけです。

怨念を受け入れて鎮めるというのは、場合によっては命がけの作業になるときもあるわけです。そこでこれもまた文学作品ですけども、これは小説なんで本当かどうか分からないけども、ひとつわたくしが感じましたのは、曽我綾子さんの『地を潤すもの』という戦争小説があるんです。いわゆる太平洋戦争の中でのひとつの出来事を書いた小説なんですけども。これはこういう筋なんです。

主人公がたまたま団という名前でして、どういうわけか団なんとかという名字と名前の混同なんです。別の「団なにがし」という人が、シンガポールで現地の住民の一家を虐殺する。まあ戦争中はそういうことはやたらあったようです。団なにがしという人が、現地人の一家虐殺事件というのを引き起こすわけです。ところが、この主人公は水島団というんです。まあ団という名前なんだな。団なにがしと水島団で違う人物なんだけど、同じ団なのでこれが現地人の一家惨殺事件の犯人だというのでつかまっちゃうわけです。そして、戦争犯罪人の裁判にかけられるわけで、もちろん一家虐殺というと、それは相当重い犯罪ですから、死刑の判決を受けるわけです。

死刑の判決を受けて、死刑の日を待つ間に、この人は自分の郷里のお母さんに対して手紙を書くんです。「とにかく今度の戦争ではものすごくたくさんの人が死んでいる。これだけたくさんの人殺しがあった以上、とにかくものすごい怨念が燃えさかっているんだ、その戦場となったところで。それを鎮めるには、とにかく真犯人であろうが無実であろうが誰かが死んでやらないことにはおさまらないではないか。そんなことで私は今度の戦争のために、この世の中に溢れかえった怨念を鎮めるために死ぬんだ」と自分の死ぬことをそういうふうに意味づけて死ぬわけです。そして、とにかく、これだけ人殺しがあった以上は、責任があろうがなかろうがかなりの人間が死んでやらなきゃどうしてもおさまらない。ただし、そうやって人殺しに報いるのに人殺しをした後で、ひょっとしたら怨んだ方、ものすごい怨念を持っていた人たちの心の中に冷え冷えとしたものが流れるかも知れない。非常に冷え冷えとした空しさが生じるかも知れない。それがいわば戦争の本質なんだというようなことを言っているわけです。

これは、聖書の中に「伝道の書」と言うのがありまして、その中に「空の空、何事も空だ」というような思想が盛られているんですけど、要するに冷え冷えとした空しさというのは、それこそが聖書に言う空の空なんだというような、そういうようなことで、この水島という戦争犯罪人は、自分の死ぬことをそういうふうに意味づけた。そうしますと、鎮魂というのも、これなんかもっとも壮大な鎮魂でして、一民族、要するに現地の、これだけ戦争によって怨念を持った人を、まるごと自分の命で鎮めようということなんです。こうして「あやす」とか「いなす」とかじゃない、命がけのことになる。怨念の方も命がけで、蛇になったり、怨念も命がけなら、それを鎮魂するのも場合によっては命がけの作業であるという。そういうことがいえるんで、決して、「いなす」「あしらう」「ごまかす」というふうな、そういうものではないということで、深刻な作業であるとも言えると思うんです。

だいたいその辺が私の考えていることでして、いってみれば私の一種の紛争観であり、一種の社会に対する見方といいますか、怨念とそれに対する鎮魂。怨念のひとつの構造形態が、意地であるというふうなあたりで。わたしがキーワードと言うのをいくつか並べたのを、何とかご理解いただけるかどうか。これぐらいで一応は切りますけど、どうも先生方にはご静聴たいへん有り難うございました。

（一九九三年一〇月一二日　仏教司法福祉研究会　於　淑徳大学、当時淑徳大学教授）

〈参考文献〉

佐竹洋人　編著『意地の心理』創元社　一九九一年
佐竹洋人「わたしの調査論―怨念アプローチと鎮魂アプローチ」全国家庭裁判所調査官研究協議会「家調協雑誌」方一四号　一九八四年　七一～七八頁

2　シンポジウム

高齢社会の到来と現代家族の危機

シンポジスト　佐賀枝夏文（大谷大学短期大学部助教授）
宮城洋一郎（皇學館大學教授、博士・社会学）
奈倉　道隆（東海学園大学経営学部教授、医学博士）

司会（吉元）　ただ今より、ジェロントロジー研究財団の助成による共同研究「高齢者の離婚事件と家族―仏教司法福祉実践試論―」についての研究会を開催させていただきます。いま共同研究と申しましたが、実は私たちはこれに先立つこと二〇年以前から、仏教司法福祉研究会を桑原先生を中心として進めておりまして、この共同研究はその一環となるものです。今回は「仏教と福祉―高齢社会の到来と現代社会の危機―」と題するシンポジウム形式の研究会ということになりました。それでは、研究代表者の桑原先生に最初にごあいさつをお願いいたします。

桑原　本日はよくおいでくださいました。まことに有難うございます。先生方にお出でいただいて提起されます問題について討議の機会がもてますことを幸甚に存じます。

私どもは、制度の面から、ケースと社会病理の面から、そして古典芸能の面から、それを仏教福祉的に分析するという作業をしてまいりました。仏教福祉と申しましても、仏教社会福祉学会の研究・報告は従来から仏教者の行った社会（福祉）事業に関する研究がほとんどでありました。仏教理念をいかに社会福祉に活用していくかというような研究は未だ未成熟であり、したがって、統一概念としての仏教福祉というものは、学会においてまだ十分に形成されていないと考えます。仏教福祉という概念の形成については、奈倉先生を始め研究者諸兄がいわばパイオニアとして研究してこられたことではありますが、我われは、なおその上に仏教司法福祉という概念を実体的概念としてとらえた研究を今後とも課題としたいと考えております。先生方の御報告を拝聴し、活発な議論をお願いしたいと思っております。

それぞれの先生方にレジュメをいただいておりますので、吉元先生の司会で先生方のご報告の後、我われも意見を述べさせていただき、その後院生も活発に発言してください。我われは従来から「仏教司法福祉」というテーマで共同研究を行って参りました。高齢社会の問題についても高齢者離婚等の研究を行っておりますので、興味のある方は、お申し出でくだされば、資料とこれまでの研究を提示いたします。ではよろしくお願い致します。

司会　どうもありがとうございました。桑原先生から紹介がありましたように、私が司会をさせていただきます。今回の研究会は、桑原先生の大学院のゼミも兼ねた拡大研究会ということになっています。研究会の形態は、講師の先生方の基調報告を中心にしたシンポジウム形式とさせていただきます。先ほど申しましたように、今回のテーマ「仏教と福祉―高齢社会の到来と現代社会の危機―」に関しまして、先生方にご報告をいただきたいとご依頼申し上げましたが、もちろんそれぞれの先生方のご専門のところに焦点をしぼってご報告をいただいたら結構かと思います。

それでは、先に先生方の紹介を簡単にさせていただきます。最初に大谷大学短期大学部助教授の佐賀枝夏文先生にお願いします。佐賀枝先生は、大谷大学文学部・大学院を終えられました。専門は社会学でハンガリーに留学をなさいまして後、大谷大学で幼児教育科を中心とした指導をされております。著書といたしましては、花園大学の盛永先生と共著の『見てらっしゃるおてんとうさま』を初め、仏教保育や日本近代社会事業史に関する多くの業績がございます。

宮城洋一郎先生は、龍谷大学文学部・大学院を終えられまして、平成九年三月まで種智院大学の教授をしておられましたが、現在皇學館大学教授をされております。著書としましては『仏教救済事業史』という大著を上梓したところであります。先生にはこのほか日本古代社会事業史に関する多くの著書や論文がございます。（平成十年博士・社会学を取得）

奈倉道隆先生はみなさまよくご存じのとおり、龍谷大学社会学部にいらっしゃいまして、平成十年四月から東海学園大学の教授に移られました。先生は、京都大学医学部御出身の医学博士でございまして、ミネルヴァ書房より出版の『老年の心と健康』他たくさんの著書がございます。また先生は仏教大学文学部で仏教学を修められ、仏教学、医学、社会福祉という三分野をカバーされて、各界で御活躍されるたいへん御多忙な日々をお過しと承っております。

以上のお三方に報告を頂きまして、そのあと座談会で、できるだけいろいろな問題を出していただき、この研究がより推進できるようにご協力頂きたいと思います。

では、約三〇分づつのご報告で、質疑応答を含めて五時半頃までの予定で続けさせていただきます。まず、佐賀枝先生より、ご報告いただきます。よろしくお願いします。

近代という視点から

佐賀枝夏文

報告させていただきます。龍谷大学でカウンセリング講座の援助関係論を担当しており、そこで取り組んでいる中で、喪失体験がどう受容されるのか、最終的にはそこに行きつきたいわけです。いま私が七転八倒しているのは、かつての喪失体験と現代社会の喪失体験とは違うのではないかということであります。そこに行きつくのに、レジメの一から話をさせていただきたいと思います。

いま私たちが生きている社会が息苦しいし、大変だし、福祉だ福祉だといってもなかなか福祉が充分に行き渡っていない感があります。そこから、現代社会はどういう社会であるかというところを遡って見ました。それが明治維新です。それで、私は明治維新からずっと掘り起こしております。宮城先生の分野も関心があるのですけれども、そこまで手広くできなくて、明治維新から話を掘り起こしています。そして、括弧付きの「自由なき秩序と序列社会」という言葉をやっと最近見つけだしたのです。封建社会の時代というのは、いわば貧困で大変貧しい時代でした。それを一言でいうと、自由なき秩序と序列社会であったというようにいえるんじゃないか、それは豊かさが欠けた貧困を背景にした全く自由がなく封じこめられて、そこで、流出もできませんし流入もできない、共同体の村から出ることもできない。そこに張り付けられて、いわゆる身分制度のきちっとした形で縦横きちっと封じ込められた自由なき秩序と序列社会だったと言ってもよいのではないかと思います。

自由なき秩序と序列社会が崩壊した最初の一つのスタート地点が、明治維新であると言えると思います。税制もいわゆる幕藩体制も変わりますから、そこで秩序とか序列とかがその時点で、変わりはじめたと思います。ですから崩壊の始期としてあるといえます。いろんな研究者が、いろんな言い方をしております。こういう言い方を私がしているだけなのかもしれませんが、封建制社会の崩壊というのは、村から人の流出がおこり、都市への流入がはじまるということです。そこで私の中で行きついたのが、封建制社会が中世くらいまでさかのぼるのでしょうか、そのころの流民を括弧付きの「普遍的流民」というとらえ方をしてはどうかと思ったわけです。普遍的流民とは、天災とか飢饉とか、いわゆる天変地異で出てくる流民で、恒常的な数ですから、それほど大量にはでないのではないかということで、普遍的流民と命名しました。封建制社会が崩壊し、明治維新以降の法改革がはじまって生じた流民は、新流民という名称で考えてもいいのではないかと思ったのです。村から流出して都市へ流入する人口というのは、非常に複雑なからみがあって、就労条件は身分が判然でなければ雇用条件が非常に悪いわけですから、都市に流入しても、常雇としては就労できなかったのです。明治期の就労状態は工場の労役等ほとんどが日雇いだったということからすると、スラムが形成されていったというのは、この新流民が形成したと考えることができるのではないかということで、普遍的流民と新流民という考え方をしてみました。この「普遍的流民」と「新流民」の分類の必要性から量的なものと質的なものの違いが考えられます。「普遍的流民」は、天災や飢饉によるもの、それとは原因の異なる「新流民」というのは、社会システムとしての封建制社会が崩壊して生まれたという見方ができると考えたのです。

「新流民」と貧困問題について考えますと、いくつか掘り起こしている作業の中で、明治三四年に浅草で大草慧実がはじめた無料宿泊所があります。これは職が見つかるまでの短期の宿泊提供施設です。それは大繁盛して、第二無料宿泊所ができて、政府が無視できなくなって、今の公共職業安定所へ移管され、法的制度が整備された。そこでこの無料宿泊所は、解消して、なくなっていきます。そしてこの貧困問題に関連して、セツルメント活動が隆盛期を迎えます。レジュメの一―③は、説明を割愛させていただきます。

このときの人間観がちょっとマッチしなかったものですから、「ひと」観というようなことにしましたが、序列社会の中の厳格な身分というようなことでおさめられるのではないかと思います。このことはこれから説明していく一つの前提です。この前提に基づいて次にレジメの二番目をどう位置づけたらよいのか、歴史的経時的に見ると、二として置かれるのですけれども、私の中ではこの二というのは、非常に恣意的につくられた時代ですから、これが多分、時代の間違ったチャンネルをつくってしまったのではないかと思います。二番目というのは、本当は、この自由なき秩序と序列社会が崩壊していかなければならない流れですけれども、いわゆる天皇制国家を形成していくために、秩序と序列社会が国家管理のもとに終戦まで続いた、という考え方ができるのではないかと思います。天皇と臣民という関係、それから家父長家族の推進をしていったその背景には、やはり、儒教の役割が十分あったように思います。日本型福祉の論拠がこのあたりにあったのでしょうけれども、これは終戦で終わったとみなければならないと思います。

私は「家」の宗教として果たした仏教の役割に秩序と序列社会を維持する機能があったんじゃないかと思います。福井県の「嫁おどし」のストーリーが昔々ですけれども、宗派で受け継がれてきたのは、やはり家の中の秩序維持だったのではないかと考えます。これがそういう形で機能したとすると、そこを検証してみないといけませんけれど、秩序維持というのが、大きな意味を持ったのではないかと思っています。

本当は秩序とか序列とかは崩壊してなくなっていかなければいけなかったのを国家管理のもとに維持されて、

それをバックアップしたのは戦争でしょうし、戦争遺家族の問題は、戦時下当時は、幻想みたいな形で光り輝いていたことがあったとすると、そういう意味では序列とか秩序社会の維持とか非常に大事だったんだろうと思うのです。ここでの「ひと」観というのは、忠君思想とか孝行思想とかに影響され、老人問題が浮上しなかった理由はここにあるのではないかと思うのです。貧弱ではあっても居場所が確実にあったと思うのです。いわゆる、小さな居場所で生息することしかできなかったでしょうけれど、落ちこぼれる、落下することのない網の目の中で、張り付けられたようなかたちで、序列社会それから秩序社会の中で、縦横の中で老人は居場所を提供されていた。そういう意味で終戦までは高齢者の問題が浮上しなかったと理解しております。

終戦後からというより、本当は明治維新から、この一、二、三というのは便宜的で、これは多分境界線のきわめて曖昧なものだと思うのです。この秩序なき自由競争社会、現在の社会は、秩序なき自由競争社会だと思います。電車の中で後ろから押されて悔しいなーと思うのも秩序なき自由競争社会だから仕方がない（笑い）。私自身が小さな車に乗って大きな車をビューンと追い抜いていって、私よりも小さな車が追い抜いていくと、悔しいからビューンと追い抜いていきます。競争社会だから、まさにその優勝劣敗といいますか、その世相のスタート地点は封建制が崩壊して、そこに市場経済の原理が浮上したのであるならば、明治維新あたりからスタートしているはずであります。それが明確になったのは、高度成長期あたりから現在までが鮮明に先鋭化していったといえます。

市場の原理というのはマーケットで勝ち抜いて行く商品を作るために、優秀な商品を作っていかなければなりませんし、どんどん高品質になっていきます。ハンガリーにいったときにしみじみ思ったのは、計画経済の国でしたから自動車は冬場止まるし、リンゴは不揃いだし、セーター買うと右と左が揃ってないし、計画経済の国は品質改良をしませんから競争社会には決してならない社会だと思います。その中で、地域規模において敗者になっていってしまった仕組みというものがあるのだろうと思うのです。秩序なき自由競争、この自由競争社会という言葉は、過去の言葉ではなく、「秩序なき」という言葉を入れてやると納得がいきます。自由競争の自由というのは特に戦後生まれの私たちの世代の者はすごく大事な言葉として教えられてきました。秩序がないのが自由であって、秩序なき自由競争社会という風に押さえないと見間違ってしまうだろうと思うのです。

仏教の話は差し控えますけれど、このあたりが微妙に絡んでくるところだと思います。優勝劣敗の時代世相をいうのは、これだけ秩序なき競争社会で、やはり障害を持った人とか、高齢者などは確実にそういう意味では、低位に位置づけられてしまう世相であるわけです。ここで見抜いていないといけないのは、この秩序なき自由社会の中で優勝劣敗という言葉はもう死語になって使われないんですけれども、本当は優勝劣敗というひとつのラベルが貼られた社会だろうと思います。そう思えて仕方がありません。その中で見ていくと、自由競争の問題というのは労働市場と高齢者の問題、今日の問題になるかと思いますけれども、高齢者は労働市場に絶対に参画できませんし、企業の戦略と高齢者は明確に問題化していくと思います。「ひと」の見方が一と二のつなぎ目になりますけれど、労働市場とか市場経済を基準として見る価値観が人間を見る基準になってしまっているような気がして仕方がありません。それは前置きとしてものを考える一つの私の前提とさせていただきます。

四番目に、いま私が第一のテーマとするのは喪失体験です。「普遍的」とに分けるのが大好きなんですけど、「普遍的」な喪失というと身体的な障害を持った人の身体的機能の喪失であるとか、知的な機能、これは想定しては記憶機能の喪失のようなものを想定しました。それから、生別とか死別などの喪失体験もこれは普遍的には変わらないものだろうと思います。

いまやっかいなといいますか、近代的な喪失の諸相として研究してみたいと思っています。そのところが「居場所」の喪失ではないかと思うんです。終戦までは少なくとも序列と秩序の中で、縦と横の中でだれにも「居場所」が明確にあっただろうと思うのです。それが低位に位置づけられていたとしても。階層的に位置づけられても、それはいい、ということでいっているわけではありません。問題は孕みますけども、「居場所」といてそこにいなさいというのですから、やっかいだった。自由がない。どこかに流出したくても出られない、張り付けられた形での「居場所」、貴方はここですよ、だから高齢者として貴方はこういう風な形で家長として高齢者として、一つの威厳を持って座りなさい、という風な形で高齢者の位置づけがありました。それが自由競争社会の中ではそう言う「居場所」、自由がない。自由ですけども、そう言う意味では完全に競争社会ですから、弱者として位置づけられた高齢者は「居場所」が全くないということであります。自身を納得させるように考えているようなもんですが、「近代的」な喪失の諸相、「佐賀枝さん、もう少し詳しく」と言われそうなんですが、これはまだそんなに明確に研究が進んでいなくて、「居場所」という言葉で許していただけたらと思います。この「居場所」はこれまで長々と話した、それが崩れて「居場所」がなくなったというところにいきついたのです。

喪失が受容のプロセス、受容過程の研究がいくつか、いまようやく軌道に乗り始めたというか、上田敏さんあたりがきちっとこれまでの研究の集大成というものを提示しています。少々異義を申しますと、受容のプロセスまでに、置き換えたり、喪失してショック期があって、否認期があって、混乱期があって、解決への期があって、受容の期に非常に長い時間がかかりますけれど、その間に、何かに置き換えるといいという研究が一つできあがっていってしまったのは、反仏教的ではないかと思うのです。喪失して得るもの、そのような形になっていかないのではないかと思うのです。九条武子さんは関東大震災で三五年間の全てを失って、彼女は京都に、なぜ西本願寺に帰らなかったのか私の大きなクエッションで、西本願寺は全然震災にもあっていませんし帰れたはずなのに、帰らずにそこに二張りのテントを作って、一つは「アソカ病院」に、一つは「六華園」という施設にして、五年ほどして亡くなっていくあのプロセスの中で、彼女は喪失した体験を何にも置き換えずに、無くなったものをもういっぺん構築しようなどとは全く思わずに転身したところが「回心」だろうと思うのです。今のその喪失の受容過程の研究のプロセスで全て置き換えなさいというように言って、その置き換え、あたかも置き換えることが障害の受容に早道ですよっていうような研究にシフトしているように、どうも思えるのです。

私は、一つの切り口としてこれからやってみたいと思うのは、失ったものは失ったという形で、事実は事実としてみていこうという人間観とか、価値観が今の時代には無くなってしまっている。唯一その領域にアプローチできるとしたら、仏教しかないと思うのです。失って得るものということが言えるとするなら、戦後の教育の中で足し算にしても引き算にしても、失ったものは絶対に戻らないという教育の中で育ってしまった私たちが、もういっぺん失って得るものを考える時に、仏教の視点がないとそれが転身でき得ない、回心でき得ない。そこが現在、私の考える仏教と福祉の接点ですから、喪失というのは何でもあてはまる様に思います。何でもといいますか、ただ単に普遍的な喪失だけではなく、福祉の課題というのは、この喪失、これが切り口で、失ってマイナスではなくて、そうではなくって、それでも生きていけるということを失った人といっしょに考えられるとしたら、そういう切り口があればよいなと思います。これで全てです。

司会　どうもありがとうございました。佐賀枝先生による我われの高齢社会の問題に非常に迫ったアプローチ、ことに喪失体験といいますか、まさに老人に深刻な問題だと思います。そういう問題にこれから光を当てるものとして、そこに仏教があるんだという提言で、我われ研究チームがアプローチしています方向とも通じるところであります。どうもありがとうございました。また後で御意見を頂きたいと思います。続きまして、宮城先生の方から報告頂きたいと思います。どうぞよろしくお願いします。

日本古代の高齢者保護とその問題点

宮城洋一郎

御紹介頂きました皇學館大學の宮城と申します。私のテーマは、シンポジュウムのタイトルとはかけはなれたことを申し上げるようで恐縮ですが、結論から先に申し上げますと、古代の問題も現代の問題も非常に共通しているところが多いということです。この観点から、古代の高齢者保護というかたちでの律令体制下の諸規定について考え、実際の高齢者がどうであったかという問題へと展開していきたいと思います。

まず、最初の問題意識としては、高齢社会の到来とその問題の解明ということで、現代を焦点としがちですけれども、古代社会においても高齢者の問題があって、現代において突如として高齢者問題が現れたわけではないということです。その基盤となるものは、古代以来の伝統社会のなかで培われてきたわけで、現代から、あるいは近代からというかたちで問題を解決していくことは難しいと思います。そこで、古代社会の高齢者問題を、まず保護規定の問題と高齢者の実態の問題という二つの面からアプローチしていきたいと思います。

1　高齢者保護規定について

この問題は、律令に種々規定が記されています。律令は、六世紀末から七世紀にかけて中国を中心とする東アジア文化圏の根底をなすものであります。儒教の徳治主義と律令という法令体系によって専制国家体制が完成していったわけです。そこでは、教化と統治がキイワードとなり、教化しつつ統治を行っていくということであります。徳治主義というのは、徳のある為政者が政治を行うことによって、人民をその徳に自然と感化させて、社会の平和を実現していくという考え方です。この考えによって儒教が成り立っているわけであります。

したがって、この儒教思想が社会のなかで息づいていくためには、徹底した教化が必要であります。その教化の重要なポイントのひとつが高齢者保護ということであったわけです。高齢者保護は、孝の理念をとおして教化していく意味が内包されています。もうひとつは忠で、この孝と忠は、佐賀枝先生も提起されていましたが、忠・孝の理念が律令体制および中央専制国家を維持していく重要な価値観を担っていきます。したがって、力で押さえていくだけの専制国家ではなく、教化をとおして平和的な社会の安定を図っていき、これにより秩序維持を得ていこうというのが、儒教の考え方であります。

孔子の『論語』に「今の孝は、これをよく養うをいう。犬馬に至り、皆よく養うことあり」とあって、孝というのは養うことであると考えられているけれども、実はそうではなく「敬わざる、何を以て別ならん」といい、孝のなかに敬の意味を付与することによって倫理的な意義づけをし、敬と孝を一体化させている。また、孟子は「不孝に三有り。後なきを大なりとなす」というように、祖先を祭る担い手がなくなることが、最も不孝であるとしている。つまり、孝というのは祖先を大切にし、子々孫々まで祭りを絶やさないことだというのでありま す。いわば、血統を重視することによって祖先を大事にするという考え方になるわけです。ここで、礼儀と教化をとおして孝の意味がでてくるということになるわけです。その意味で、敬と儀礼が孝のなかに付与されてくることで孝の思想が儒教の基盤となり、それが統治の理念として教化の重要な価値基準を担うことになっていくわけであります。こうした点で、高齢者保護の意味づけができると思います。

次に、具体的な規定についてみていきます。

名例律の「七〇以上条」では、老・小、障害者に対する刑の減免・換刑が示されています。そこでは「凡そ年七〇以上・一六以下、及び廃疾、流罪以下犯せらば、贖取れ」といい、七〇以上・一六以下、及び廃疾（身体に障害のある人）が流罪以下の刑罰であった場合は、贖《しょく》すなわち銅を以て刑に代えることができるというものです。また「犯罪時雖《すい》未《み》老疾条」では「凡そ罪を犯しし時に、老疾ならずと雖も、事発る時に老疾ならば、老疾に依りて論せよ」とあって、犯罪が成立して、その発覚した時に当事者が高齢者であれば、その段階で刑を定める。したがって、七〇歳以下で犯罪を犯し、七〇歳以上で発覚した場合は、「七〇歳以上条」の適用を受けるというわけです。これは、現代の刑法にもみられるもので、その意味で、先駆的な役割を果たしているといえましょう。

次に、戸令についてみていきます。戸令は、全文四五条から成り立っていて、大きく分けて①戸籍に関する法令②家族法③良・賤の規定④地方行政法等に区分することができます。そのなかで、高齢者に関する法令を取り上げてみます。

まず年齢区分であります。先程来、出てきておりますが、戸令「三歳以下条」で年齢区分を明文化しています。「凡そ男女は、三歳以下を黄と為よ、一六以下を小と為よ、二〇以下を中と為よ。其れ男は、二一を丁と為よ、六一を老と為よ、六六を耆と為よ、夫無くは寡妻妾と為よ。」といい、それぞれの年齢区分を設けています。この年齢区分にもとづいて、保護規定が決まってくるわけです。

次に、身体障害の規定があります。その障害の程度に応じて「残疾」「廃疾」「篤疾」の三段階に分けています。また、「給侍条」において「凡そ年八〇及び篤疾には侍一人給へ」とあり、八〇以上の高齢者と篤疾（重度の障害者）には、侍者というケアをする人をつけよと規定しています。さらに、九〇以上に二人、一〇〇歳以上では五人と規定しています。しかし、ここにいう侍者とは「先ず子孫を尽くせ」とか「近親を取ることを聴せ」とあって、近親者をもって侍者とする考えを示しています。それは「其れ篤疾の一〇歳以下にして、二親等有らば、並びに侍給わず」ということで、近親者によるケアのシステムを原則とすることを明示しています。一方、「郡領以下の官人、数（シバシバ）巡り察ることを加えよ。もし供侍不如法ならば、便に随ひて推決せよ」とのべ、侍者が正しく給せられているかを監視し、実施されていないならば罰則をも適用せんとしています。

こうした法令は、ユニークなものと言えますが、実際的な例を文学作品などにみられないことが指摘されています。そのため、どの程度実態的であったかについて、問題点を残していると言えましょう。

次に、「殴妻祖父母条」では、自分の妻の祖父母を殴打ないし殺害した場合は、義絶することを認めています。また、「鰥寡《かんか》条」では「凡そ鰥寡孤独、貧窮、老疾の自存すること能わずは、近親をして収養せしめよ」といい、鰥（六一歳以上で妻のいないもの）寡（五〇歳以上で夫のいないもの）孤（一六歳以下で父のないもの）独（六一歳以上で子なきもの）など社会的に自立していくことが困難な状態の人びとに対して一定のケアをしていこうというもので、貧窮・老疾の人びととともに、まず近親者が収養し、近親者がいなければ「坊里につけて安恤せしめよ」と述べ、地域社会でケアしていくシステムとなっています。さらに、このシステムでは「もし路に在りて病患して、自勝するに能わずは、当界郡司、収りて村里につけて安養せしめよ」とあって、行旅病人の安養にも言及していますが、律令の注釈書である『令義解《りょうのぎげ》』において、この安養とは私物を以て給付せよとあって、租税の一部を割くという考えのないことを明らかにしています。また、飢饉にさいしてある程度の収穫物を収納していく義倉の制度がありますが、この行旅病人の安養にさいして、義倉の一部を充てることも禁じられています。

この例からも、地域社会での「安養」という公共的な姿勢をとりながら、実は地域社会に委ね、しかも公的な支援には厳しく制限を加えるというシステムになってしまっているわけであります。保護規定を明示しつつも、実際は近親者や地域社会のケアに委ねることだと言えましょう。その意味で、古代社会も現代と同様に為政者の基本姿勢に変化がみられないとさえ言えるのではないでしょうか。

2　高齢者保護の実際

これまで述べてきた保護規定にたいし、実際の保護はどうであったのか。この問題を解くには、史書や文学作品を例として検討すべきでありましょう。

奈良時代の正史である『続日本紀』には、四七例の高齢者への賑給《しんごう》の記事があります。それらはいずれも、改元、即位、立太子など国家の慶事にあわせて実施されていて、しかも、対象年齢は七〇歳以上に集中しています。六一歳以上が老であるけれども、それより一〇歳以上を対象に賑給していることは、数少ない高齢者を対象とすることで、慶事の意味をより強調することであったと言えましょう。

また、武田佐知子氏は「孝子、順孫、義夫、節婦表旌の詔勅」の記事が六国史に二七回登場し、これらが祥瑞、改元、即位、立太子などとあわせて出されていることを明らかにされ、それらが孝を宣伝することをとおしてなされたとされています。とくに、武田氏は「節婦」について、それが儒教からみた「貞節」を根拠とした女性像となっていることで、日本的でオリジナルな表現となっていないことから、きわめて形式的な施策であったのではないかと指摘されている（「律令国家による儒教的道徳規範の導入」・『古代天皇制と社会構造』所収）。

それでは、日本的なものをどう捉えるべきでしょうか。その場合、『万葉集』にみる家族観を取り上げるのが、適切ではないかと考えます。とくに、この場合、防人歌に家族観を表現したものがみられます。防人歌は『万葉集』巻二〇にあり、およそ八〇余りの歌を載せています。そのなかに、「水鳥のたち急ぎに父母の　物言わず来にて　今ぞ悔しき」（二〇・四三三七）とか「たらちねの母と別れてまことわれ　旅の仮廬（カリホ）に安く寝むかも」（二〇・四三四八）というのがあり、ごく自然で素朴な父母への思いが表現されています。したがって、そこでは、儒教にいう父母への敬愛というよりは、別れてきた父母を思う、ごく自然な態度が伺えるわけであります（坂本太郎氏「飛鳥奈良時代の倫理思想」・『古典と歴史』所収）。

ところが、九世紀のはじめに成立した日本で最初の仏教説話集である『日本霊異記』には不孝の説話がいくつか掲載されていて、新たな家族観をみることができます。もちろん、この仏教説話集は、周知のように、中国の説話集である『冥報記』や『般若験記』などの影響下にあったことは明らかですが、実在の地名や人名が数多く登場することで、社会状況をある程度反映したものといえましょう。

不孝の説話の例をあげてみましょう。「凶人の乳房の母を孝養せずして現に悪報を得る縁」（上・二三）では学生で書伝を学んだ瞻保という人物が出挙として母に稲を貸し付け、非常にむごい取り立てを行ったため、悪報を得たという説話です。ここには、律令体制下の経済発展を担った豪族の手段である出挙をとおして、これまでの家族のあり方さえも変化させていった社会状況が語られています。

また「悪逆の子、妻を愛みて母をころさむと謀り、現報に悪死を被りし縁」（中・三）では、武蔵国多麻郡の吉志火麻呂が、母と同行して筑紫国へ防人として赴く。しかし、妻に会おうとして母を殺したという説話です。父母の喪に会えば職務が免除されるという賦役令等の条文があることを利用したもので、過酷な負担が家族の絆を変化させていく例とみられます。

最後に「沙門方広大乗を誦持して海に沈み溺れざる縁」（下・四）では、銭貸しをして妻子を養うている奈良の僧が、娘の婿に銭二〇貫を貸したが、完済できないまま、陸奥の地方官となった婿のために海中に沈められる。僧は海中で「方広経」を誦持して、その功徳で救助された。後に僧はこの婿を許したという。『日本霊異記』の説話には蓄財行為について少なからず記述があり、当時の経済発展の一端を示すものであるが、そのことに必ずしも批判的ではない。

以上のような例をみてみますと、不孝をテーマとして、家族の問題に接近していますが、そこに、律令制の社会が家族観を変化させていることが伺えます。高齢者への虐待をつうじて、社会的な変貌が伝わってくるといえましょう。三浦佑之氏は「律令という制度に強いられた新たな規範によって、親と子が捩じれや歪みを生じさせた」(『万葉びとの家族誌』)と述べられていますが、社会的変動が着実に高齢者への虐待を生み出しているといえます。その点で、高齢者保護の意味は、社会的変化のなかで法令上の存在であり、また、そうあってはならないという一方の秩序意識を形作るものであったといえましょう。しかし、『日本霊異記』の説話が興味を引きつけるのは、社会の変化をリアルに表現しているからに他なりません。そのことで、不孝=高齢者虐待は、時代を映し出す意味を持っていたということになります。

司会　どうもありがとうございました。宮城先生からは、日本の律令国家の時代の律令の方から話をしていただきました。律令というのは、中国の影響であるということですが、その中にまた仏教の観点などを含めまして、問題点を指摘していただきました。また後ほどいろいろうかがいたいと思います。それでは最後に奈倉先生よろしくおねがいします。

わが国の高齢化の特色と家族問題
―現代家族の危機に対する仏教福祉の対応―

奈倉道隆

私の報告は、佐賀枝先生や宮城先生のような実証的な研究ではなく、研究発表といえるかどうかわかりませんが、お許しください。いま私は、東海学園大学の経営学部に所属しています。福祉の関係の方にそう申しますと、「えー、経営?」といって、反福祉的なところにいるような印象を持たれるんですが、経営学はもともと人の組織化や運営を研究していくことなんですね、金儲けの組織だけを研究してきたという今までの経営学がおかしいのであって、非営利的な組織の運営は今切実に迫られています。福祉もまた人の組織化、組織の運営でもってより住民のためになる社会事業を営んでいかなきゃなりません。今後は、経営学をうんと拡大していきたいと思います。

特に佐賀枝先生が先ほどおっしゃった「秩序なき優勝劣敗の自由競争」そういう原理で今まで経営をやってきたんですが、それでは破綻をきたします。そういう競争の原理ではなくて、「共生の原理」によって経営学をたてなきゃいけないと考える人もぼつぼつ出てきました。当面は「人間経営学」とか、「共生経営学」ということで打ちだしていきたいと思います。そういったところで私は、「仏教概論」と「共生人間論」をここで打ちだしていきたいと思います。まだ学問として確立はされていませんが、教育面ではそれが必要になってきております。今までの経営学の勉強しただけでは、ちょっと企業に受けいれられにくい。企業に入ってもあまり使いものにならないといわれているんですね。むしろ新しい時代、二一世紀の経営にほんとうに役だっていくような人材の教育というものが要求されている。その教育を四月から本腰をいれてやりだしているところです。

今日は、いただいだ課題にそって若干の問題提起をいたします。それに対する批判とか、質問とか、ご自分の意見とかをお聞かせください。

まず第一に、人口高齢化の主要因となった出生率低下の問題を申し上げます。「人口の高齢化は年寄りが長生きするようになったからだ」と言うのは、とんでもない説で、実は出生率の低下が日本の人口高齢化の主要因なんですね。出生率の低下のことは、詳しく申し上げるまでもないんですが、なぜそういうことが起きてきたのか、と言いますと、「種の再生産」つまり、子どもを生み子孫にいのちを伝えていく種の再生産を犠牲にして、生産中心主義で高度経済成長をはかってきたからです。そのことは、単に子どもが減ったというだけの問題ではなくて、家族の空洞化がおきています。私は、「現代家族の危機」というのは、むしろこういう出生率の低下をもたらすような原因が同時に家族の空洞化を起こし、それが現代家族の危機の大きな原因ではないか。高齢化というのは出生率の低下によって起こってきた結果である。もちろん相関はあるわけですけれども、人口が高齢化したから危機が生じたとは考えたくない。原因はもう一つ奥深いところにある、というように考えております。だから、家族の空洞化をもたらしたような原因が、高齢化も生じたし、また家族の危機を生じているんではないか。

次に高齢化が進んでいるんですが、とくに後期高齢者が非常に多くなってきている。これも、寿命が伸びてきたということといくらか関係があります。ごく最近ですが、高齢者の余命が伸びてきたということはあります。だけども平均寿命が伸びた伸びたといっているのは、乳児死亡率の若年者の死亡率が減ってきたために、平均寿命が伸びたのであって、お年寄りが長生きして、平均寿命が伸びてきたのではなかった。最近は若干お年寄りの平均余命が伸びていますが、そのことだけでは説明できません。後期高齢層が増えたのは、かつて出生率の増加をはかった人口の高波が高齢期に達するようになったためです。明治後期から日本は出産奨励政策をとってきました。国力を増やすために、「産めよ、増やせよ」という合言葉が、太平洋戦争のころにも言われました。私はまだ少年でしたけれども、「少国民新聞」という子どもの新聞に「産めよ、増やせよ」というような、標語が載ったり、子どもを一七人産んだお母さんが表彰されたというような記事が出ていました。「へー、一七人も産んだお母さんがいるのか」とおどろき、今も覚えています。子どもをたくさん産めば褒められるという、そういう出産奨励政策が、一九世紀の終わりからみられます。ちなみに、出生率の一番古い資料は、一八九九年（明治三二年）の国勢調査です（それ以前は全国的な資料がありません）。それは人口一、〇〇〇人に対して三二・〇です。一九二〇年になるとさらに三六・二に増えています。その膨れ上がってきたところが、高齢に達するようになりました。ですから出生率が低下して、相対的に高齢者層が多くなったことと、実際高齢者が増えたことが重なって急速に高齢化しました。増えたのは長生きをしたんじゃなくて、むかし人口が増えだした層が高齢に達したのだということはあまり知られていないのです。今日は詳しい統計データをそろえて来なくて、申し訳なく思います。そういったことを統計データで発表した人がおられました。

第二に申し上げたいことは、そういう後期高齢者の急増によって、従来の高齢者政策を家族の養護力に依存する形ですすめてきたのが破綻しようとしていることです。後期高齢者層の扶養が、とてもじゃないけど家族だけでやれない。扶養期間が非常に長くなっており、後期高齢期に及ぶお年寄りを親孝行というような理念的、倫理的なものでは支えきれない。それから高齢になるほど自立度が低下しますから、家族のお世話だけではやっていけない。にもかかわらず、日本は親孝行の美徳があるんだ、なんてなことであぐらをかいていた。そういう高齢者政策が破綻しているのですが、高齢者を患者とみたてて、医療の対象に転化してきました。福祉的に養護しなければならないお年寄りを病人扱いしてしまいます。それで医療は儲かるでしょうが、医療保障はパンクする。これは大変ということで、第二医療保険を作る、国会も認めたわけですね。これは「介護保険」という名がついているけれども、実は第二医療保険ですから、医療の発想法でやっていくでしょう。福祉の介護、福祉の思想による介護を保障していこうという考え方が乏しい。非常に危険な問題なんですが、今日はそのことが課題ではありませんので、問題提起にとどめますが、みなさんも考えていただきたいと思います。

とにかく政策が的を得ていないために、高齢者の生活援助というものが、依然として家族の負担、家族の役割になっています。そのために、家族が疲弊しています。それが危機への大きな要因となっている。このことも確かなんですね。家族が空洞化してきているうえ家族が大きな荷物を背負わなければならない。こういうところに、現代家族の危機の大きな課題があるんじゃないかと思います。

第三に申し上げたいのは、高年の労働力率（ある年齢の人の中で、今働いている人と働きたいけど失業している人とを加えた人数を、その年齢の人数で割って、一〇〇倍する率、要するにある年齢層の何%が働いたり働こうとしているかをみる率）なんですけれども、これが実は日本は欧米に比べて非常に高いんです。数字で申しますと、一九九一年の男性は日本の場合五五~五九歳が九三%、六〇~六四歳も七四%ですね。この年齢層は定年後です。欧米で一番高いのはスウェーデンなんですけれども、五五~五九歳八八%、六〇~六四歳六三%です。アメリカはもっと低いです。五五~五九歳七九%、六〇~六四歳五四%です。日本に比べるとかなり差があります。これはもちろん高齢者の生経の安定性と関係します。スウェーデンなんかですと安定が進んでいます。年金の問題などが関係しているんで、単純に比較はできませんが、日本の特徴としていることは、高年齢の人にもなお生産的価値への志向が高いこと。「元気であれば働かなければいけない」という意識なんですね。その背後には「迷惑をかけたくない」、あるいは、家族の側からいっても、「かけられたくない」という閉塞的家族関係があると思います。古くから親には孝行といいますけれども、孝行を強調するのは、自発的に孝行をしない人がいるから道徳が必要となるのです。閉塞的人間関係は自己中心的になりやすく、弱っている人に対して、あるいは、年寄りに対して、ほんとうの意味での支援というものをしたがらない。お年寄りも、迷惑をかけたらきらわれることを知っていますし、家族も年寄りが迷惑をかけると困るということがあると思うんですね。こういう状況で、高齢者の健康状態が低下した場合、危機的な状態と言いますが、老人が疎外されやすい条件になります。そして、老人を個として尊重し、社会が支えていくという施策が十分でないと家族の危機・破綻は避けられないでしょう。

今までやってきた社会援助はまず家族に介護しないさいといい、家族が介護しにくところをお手伝いしてあげましょう、という仕組みになっていますから、家族関係が悪いときには、外からの援助もお年寄りのところには、行き渡らないんですね。お年寄りに直接働きかけていく援助体制が、とにかく弱い。お年寄りに対するケースワークができない、あるいは援助が家庭の中に受入れられない、こういう閉塞的な家族関係が破綻をもたらす大きな原因であろうと思います。

第四に申し上げたいことは、家族生活の変貌に適応しにくい高齢者の適応障害や健康障害についてです。家族生活がどんどん変貌しています。それに高齢者は適応しにくい。やはり適応力が低下していますし、自己を変革していくのが辛い。適応が困難になりますと、健康障害が起きます。

タテ秩序からヨコの連帯へと意識転換することが、お年寄りでは困難な人が多い。儒教的な倫理によるタテ秩序は、支配と依存で生み出されます。お年寄りを奉って、年寄りに支配させるか、お年寄りにそういう能力がなければ、子どもに依存させる。「老いては子に従え」ですね。ですから、対等な人間関係、ヨコの連帯という形ではなくて、あくまでも上になるか下になるか、いばるかそうでなければ小さくなって子どもに養ってもらう。という関係です。そういうタテ秩序が壊れてくると、お年寄りは拠り所を失ってしまう。これは、先程の佐賀枝先生のお話にもありましたが、集団中心主義の日本では、個の存在というものを認めにくい。集団へ埋没していくのが一番賢い生き方なんですが、その集団という家族がガタガタしてくると、お年寄りはすごく不安定な立場になります。

第五番目に申し上げたいことは、地縁、血縁的共同体の脆弱化による長老的役割の喪失です。先程佐賀枝先生が、居場所が失われてきたと言われました。私もそう思います。これは言い換えになりますが、共同体への帰属、あるいは、敬老精神などを家族の結束力としていたのが家族の結束力も非常に緩くなってきています。それは確かに「自由なき秩序」が崩壊していくという意味では、望ましいことかもしれません。しかし、共同生活を送っていくある程度の結束力、自由な人間関係、個人を尊重する人間関係というものが、必要なんです。そういうものがまだ生まれてこない。共同体への帰属ということで、秩序がはかられてきた。敬老精神ということで、上下関係が保たれてきた。それがなくなった後の結束力が、今失われていき、そのために家族も崩壊しやすいし、高齢者問題も大きくなっていきます。

第六に申し上げたいことは、持家主義に拘束される高齢者世帯の生活障害の問題についてです。持家主義でお年寄りが、特に自分の家に固執する、先祖伝来の家だとか、住み慣れた家だとか、移住することを快しとしない高齢者が孤立化しています。小さい家にそのまま住みますから、住環境の不適応がおきています。私はしばらくデンマークに滞在して、いろんなお年寄りの家庭を訪問したり、ホームヘルパーさんのお手伝い役となって、家庭訪問をしました。お年寄りの話を聞いていると、住居が住み難くなったら移りますよね。日本のように、住居を財産とみて、これにとらわれる習慣がないのです。自分の生活と環境とが合わなくなったら、環境の方を変えていくという考え方ですね。日本はそうじゃなくて、環境の方を固定化し、絶対視して、自分を変え、それに適応しようとします。そいういう生き方の違いもあってですけれども、高齢者が古い住宅に拘束される。これも高齢者自身が生活破綻をきたしやすい原因の一つです。また、住居がないと、若い人と共存しにくくなる。別居生活を余儀なくするということもあります。また在宅サービスがしにくい。デンマークでは、一人で、ポツンと住んでいると、誰一人訪ねてこないし、自分も出かけていけない、孤立しちゃう。だからそういう人は、老人ホームを改造した共同住宅に移るようにしています。老人ホームを少なくして在宅サービスですると言っても、住宅が問題です。お年寄りを老人ホームではなく、老人の住み易い家（老人に親切なアパートという名前がついていました）を用意した上で在宅福祉でいきましょう、というのがデンマークの考え方なんですね。日本はそういう住宅のことを抜きにして、在宅、在宅と言っていますから、なかなか効果が上がらない。こういったことは、お年寄りにとっても不利であり、家族にとっても大きな負担になって、家族危機の原因になってくるのではないかと思います。

では、これらの問題に対して仏教福祉はどう対応していくのか、一つの提案として考えていきたいのですが、第一には「縁起論的存在としての人間」の自覚に基づく種の再生産への動機づけをすすめることが少子化対策として必要だと思います。出生率を回復させようと思うならば、よくいわれる子育てしやすい環境をつくらなくちゃあいけない、ということも大事だと思います。しかし、そういう環境を作ってもなおかつ、種の再生産への動機付けが必要です。子育ては確かに苦労の多いことです。喜びもありますが、苦労もあり、子を育てることの意味は何なのかということが、自覚されていかないと、本当に出生率を回復させる力にはなりにくいんじゃないかと思います。「縁起論的存在」というのは、自分という存在が、他者あって私がある、私あって他の者がある。そういう関係の中で、私というものが存在する。だから、親あって私が生まれ、私があって子孫が生まれ、「縁起論的存在」は続いていくんだということ。さらに子どもを育てるということは、自分も育てられるんだ。負担ではあるけれども、同時にそれは私自身の発展向上にもなるんだ。それは苦しみであると同時に喜びであるという自覚、こういうことを仏教福祉は強調していかなければと思います。

第二には、高齢者養護の地域的共同化とそれを支援する公共的施策の充実です。これは、保育でも共同化と言われながら、なかなかやれなかったのが、じゃあ老人でやれるのかという疑問はありますけれども地域で託老所などを設けて、痴呆性老人等を共同で見ていこう。というような動きはあったわけですね。ただ地域の個人の力だけ、私的な力だけではとてもやっていけない。そこで公共政策の充実、行政のバックアップということが求められます。しかしどうも今までの経過を見ますと、行政が支援してくれるようになると、確かに経営は安定化するんですが、日本の行政体質がそのまま浸透してきて、規制的になる。自発性が失われていく、ということでほんとうの地域的共同化の面が、どんどん薄れてしまうというような問題があるように思います。

地域の共同組合的な存在としての行政になればいいですね。デンマーク等で聞かされたのは、「政府とか、地方自治体というのは、共同組合の事務所みたいなもんだ。」「我われ個人ではできないことを、みんなで共同してやっていく。そういう共同してやっていくのを、お世話したり、支援するのが行政なんだ。だからその方向づけは、みな住民の会議でする。すなわち議会でやらなければいけない。だから議会の論議、予算の配分などには、すごい関心をもっている」。といっていましたね。それがほんとうの民主主義社会だと思います。

第三に申し上げたいことは、フレックスタイム制による労働の分配、生涯労働の確立、開かれた個の相互関係、による共生的家庭の確立についてです。これは先程の生産的価値指向が高いということと関係します。そのこと自体はそんなに悪いことではないと思うんですね。たとえば、女性は家事だけ、男性は社会労働だけをする、それはおかしい。男女とも社会に参加して労働していく方がいいのですが、一日八時間、週五日間は働かなければならないとうような、固定した制度ではいろんなひずみがきます。家庭の空洞化にも繋がりますし、また高齢者は体力的に働けなくなります。やはりフレックスタイム制をうんと生かして、週に三日だけとか、週に一日だけ、あるいは毎日午前中だけ働くという人があってもいいでしょう。こういうのが当たり前となれば、もっと家庭と社会的労働とが無理なく両立していく。また、高齢者もその能力に応じていつまでも働ける。生涯労働が確立できるんではないかと思います。

それと家庭の営みかたは共生的でありたいと思います。共生というのは共存ではない。単に、利益があるからお互いに協力しあいましょうというのではなくて、開かれた個と個の相互関係の上に立って協力し合うつながりです。個というものは、個だけで存在できない。みんな不完全な個である。誰一人として自分だけでは生きられない、存在しえないとう縁起的自覚に基づいて、生きていくことです。その場合に、全体主義や集団中心主義になってはいけない。どこが違うかというと、やはり個というものを認めるかどうかということですね。不完全であっても人には個性がある。みんな顔形が違うように考え方も違う。自分一人では生きられないけれど、全体の中に埋没して個を抹殺させる生き方ではなくて、個は個として尊重しながら、開かれた個として相互関係をもって共に生きていく、これが仏教でいう共生の原理だと思います。特に異質なものとの関わりによって、新しい価値が生まれてくる。仲良し同士が仲良くしたってそれはそれだけのことです。むしろ自分たちとは違う世代の人、あるいは違う外国人、そういう異質な人たちとの関わりあいの中で、単に自分たちだけ、同族だけでは生まれてこないものが生まれてくる。創造的な営みができる。これはトインビーも言っていますが、異質な文化とのふれあいの中から、新しい文化が生まれると言っています。共生というのはそういう創造的な、新しいものを生み出す原動力となる関係だと思います。家族もそのようになっていった時はじめて、危機を乗り越える力も生まれてくるし、常にリフレッシュされていく家族として、安定するんじゃないか。ダイナミックな安定を求めていかないといけないと思います。

第四には、「諸行無常、諸法無我」などのダルマに基づく自己革新の奨励、それを支援する寺院などの生涯学習教育が必要だということです。仏教というものはイノベーションの思想だと私は思います。先程も佐賀枝先生がおっしゃったように失われたものを他のもので代替・代理させるのでなくて、失われたものは失われたものとして認め、回心によって新たなものを生み出していくという、常にイノベーションを目指していく生き方です。古い自己にとらわれず、常に真理に目覚めて、日々、新たな人生となるよう自分を作り替えていく、自分からそのことを主体的に営まなきゃいけないというのが、仏教だと思うのですが。そういう考えを踏まえることによって、生活適応をはかっていく。昔の生き方に固執するんじゃない。だんだん時代は変わっていく。今まで拠り所としたものがなくなっていく。なくなっていくことを悲しむのではなく新しい拠り所を求めて、自己転換を図っていく。そのためには、寺院などが生涯学習のお手伝いをしなきゃあいけないと思います。

第五には、お釈迦様の最後の教え、「自燈明と法燈明」に基づく生き方です。自燈明というのは、自らを拠り所とせよということ、自発性を持てということです。法燈明というのは、法を拠り所とせよということ、自分は一人で生きているんじゃない、縁起の存在として他者と共に共生していくんだという自覚のもとに法に基づいた協調性を持てということだと思います。自燈明、法燈明による合議的な家庭生活によって、多世代間の相互関係を豊かに保っていくということが大切です。若者は若者だけ、年寄りは年寄りだけという世代の断絶ではなく、多世代の相互関係を重視する生き方、これが家庭経営の中にも求められていいと思います。同居するにしろ別居するにしろ、ともかく家族としての統合性を計っていくには、こういう考え方が大事じゃないかと思います。西洋においては、契約社会ですから、個の集合体としてのファミリーを考えています。最初から個があって、個と個が愛によって繋がっていくという構造ですが、日本の場合には、個は大事だけれども、その個は開かれた個である。そして個と個の相互関係によって、補完的な関係が生まれるところに結合の大きな要素がある。あえて愛というようなことをいわなくても、あるいは慈悲の精神を説かなくても、自ずから結びついていく。自らの存在にとって必要なことですから、自発的に共生関係が生まれてくるのではないだろうかと思います。

これは、大胆な提案なんですけれども、住居の問題で、一時居住が目的とされるケアつき集合住宅を、家族との交流を促進するための家族宿泊設備を併設して造ってはどうかと考えます。これは自分の持ち家を引き払って、老人ホームに入りなさいという考え方ではありません。つまり、老人ホームか自宅かという考え方ではなくてですね。自宅が財産として手放せないんだったら、それはそれで大事にしていなさい。そのかわり生活上必要がある時は、ケア付き住宅に一時居住しなさいよというものです。ケアのための短期入所でしたら、今の老人ホームがやっているようなことですけれども、必ずしもそんなケアーを必要とするほどでなくとも、生活に多少とも不自由がある、今の家庭では住み難い。そんな人は一時期だけでも、そういう移り住める別荘のようなものを造る。これはすでに制度として、過疎地の高齢者生活福祉センターとして発足しています。特に雪国などでは、雪が降ると一人暮らしの高齢者がとじこめられちゃうんですね。そういう人が冬の間だけ、生活福祉センターに移住して冬ごもりをする。春になったらまたわが家に帰る、そういう生活福祉センターが現にあるんです。ゴールドプランでは、四〇〇カ所つくれという方針を出しています。とてもそんなにできないだろうと思いますけれども、現にあるんですね。こういうものを、単にお年寄りだけの住居じゃなくて、家族と交流ができるような宿泊設備も設けて造る。そうすると家族と対等な交流ができると思います。今は、別居している高齢者は、家族の所に行けば家族に従属する人になる。一方、お年寄りの家に家族が行けば、お年寄りの支配下に入る。どちらもおもしろくないですね。対等な関係でのふれいあいは、年寄りの家でもない、家族の家でもない、もう一つの住居で出会うことが実現できます。対等な交流ができるんじゃないかと思います。

仏教の立場からは、家に拘束されない遊行的生活を奨励したいですね。もともと仏教は家というものをもたない生活をすすめます。「遊行」です。お釈迦様のころには、寺もありませなんでした。そういう「遊行」的な生活、もっとフレキシブルに移動していけるような生活が、仏教的な生活ではないか、そして情緒的交流を中心とする家族関係を確立することです。老人の扶養には三つの種類があるといいますね。金銭的扶養、身の周りのお世話をするサービス扶養、そしてもう一つ情緒的扶養。金銭的扶養は年金制度が充実していけば、家族の負担でなくなっていく。身の回りのお世話をする社会サービスが発達していけば、家族は介護から開放される。ところがどうしても家族を必要とするのが情緒的扶養だといわれるんですね。デンマークでは情緒的扶養を非常に重視していました。私が世話になった人は別居している。親子が会うために、一週間に一ぺんは自動車を一時間くらい飛ばして、(わたしも乗せてもらっていきましたけども)年寄りの家にいくんですね。そして何もお世話するわけじゃない。情緒的交流をしていました。そしてまた、毎晩電話をしていました。日本の場合は、別居すると急に他人のようになり、なるべくそっとしておきたいという気持ちです。電話ががかかってくると「何か用か、何か困っているのか」というように「ヘルプパターン」で繋がっているという生活文化があります。ことさらコミュニケーションをとることはしない。「便りなきは、よき便り」という感覚です。コミュニケーションがないということは、なにも援助を求めていないんだから、いいことなのですね。息子が親のところへ何か言ってくるのは、「金に困っている」とか「何か事件をおこした」とかであろうと思われますし、親が子どもに電話をすると、子は「病気したのか」と顔色をかえる。そういうヘルプパターンで繋がってきた親子関係を、もう少し心のつながりに基づく「ビジティングパターン」に変えていきたいですね。電話する、訪問する、行き来する、そういうことでつながっていく。要するにコミュニケーションでもってつながっていく。そういう家族のつながりを重視していけば、現代家族が崩壊しつつある中からも、何とか繋がっていける道も生まれてくるんじゃないか、という提案であります。

司会　有り難うございました。奈倉先生には我が国の高齢化の特色を踏まえて多くの問題点についてご報告いただきました。先生は老人医療がご専門とお聞きしていますが、むしろ仏教のことを詳しくご報告いただきました。特に現代家族の危機の方策として、仏教的方策を提示いただきました。私どもの共同研究が目指していることと、同じ方向で行っておりますので、得るところがたいへん多かったと思います。

司会　ただ今三人の先生から報告いただきました。まず、司会の方で三人の先生のお話をしぼりこんで進めさせていただきます。先程の佐賀枝先生は「自由なき秩序と序列社会」というお話の中で、喪失ということを問題とされました。そしてその方策といたしまして、回心ということを宗教的立場からご提案をされています。そのことと奈倉先生のご報告とは非常に話の方向がよくつながるんじゃあないかと思います。特に後の方で仏教福祉の立場から「諸行無常」というところで自己革新の奨励をなさり、そのことに対する回心ということがまさに仏教福祉的な方向であると提起なさいました。宮城先生の方は、古代の律令の問題で、古代も同じような問題があったということで、律令そのものも一つの理想論であり、具体的なことは検証できない点をあげられました。そして古代においても同じような社会問題があったことを文献を挙げて説明いただきました。それから、方策としての仏教的ということについては、具体的にお話はなかったと思いますが、問題点を指摘されましたので、その辺あたりのところを他の二人の先生ともかみ合わせてお話を進めていってはどうかと思います。その点を踏まえて、東研究員に問題提起をしていただきます。

東　私の方から話題提供的に少しお話をさせていただきます。まず最初に、今回お出でいただいた三人の先生方に、説明的に申しあげたいと思います。なぜ私たちの研究グループが仏教司法福祉研究会と名乗っているかという辺からお話したいと思います。そもそも司法とは「条理をつくす」と言う言葉がございますけれども、「条理をつくして、黒白をつける」というのが基本的に司法の役割と思っておりますが、こと家庭内の諸問題に関して言いますと、条理をつくすだけではとうてい問題の解決にならないのであります。むしろ不条理との対決、不条理をどうするかということが大きな命題になるということになるわけであります。ここで言う「司法」とは家庭裁判所司法とお考えください。最近は、家庭の危機というような問題がかなり顕在化してきているわけです。

その中で特徴的な現象として現れているのが、高齢者離婚の問題である。非常に大ざっぱに言いますと、そういうことになろうかと思います。

高齢者に限らず、夫婦の離婚の問題とか、相続の問題とか財産分与の問題とか、子どもの非行問題とかは、先程の佐賀枝先生の言葉を借りますと、まさに喪失との対決と言ってよかろうと思います。家庭裁判所がするべき仕事は喪失との対決に対して、喪失からの回避ということをやらなければ仕事にならないというふうに考えております。その意味でこのグループでいっております仏教司法福祉という「司法」は「家庭裁判所福祉」とそういうふうに考えています。たまたま私が参加させていただいている関係上、家庭裁判所実務に現れる具体的なケースの中で、可能な限り、実証的にとり組むべく作業を続けてきたわけですが、今、現場は対応に大変困ってきている。といいますのは、そこに福祉裁判所という意味で、福祉的考え方が入ってくるのですが、それは言うところの西欧流福祉、西欧流人間関係処遇ということでした。ところが西洋流人間関係諸科学では、分析解釈はできるけれども、ちっとも改善しないじゃあないかということがございます。と同時にもっと素朴にいうと、私たちは西洋の家庭とか西欧の人々を相手にしているんじゃなくて、東洋の、まさに日本の人たちを相手にするんだから、私たちの科学があってしかるべきである、というような問題の提起があるんですね。それは何も私たち日本人だけが考えているんじゃなくて、西欧で西欧流人間関係科学が行き詰まってきて、これを打開するために、東洋的思潮、特に仏教思想の中に困難を克服する思想がありそうだということで、特に仏教への熱いまなざしが近年非常に増えてきているわけですね。それは、フロイト、ユング、アドラー等の例を待つまでもありません。そうなるのは、ある意味では当たり前じゃないかなというふうになってきている。今申しました佐賀枝先生のお話の中にありました回心への具体的対応策は、本当に求められているところです。

もう一点は、大学を卒業し、あるいは大学院修士過程を修了し、家庭裁判所調査官になって、当然がんばって対応するわけです。可能な限り福祉的対応をしようと、人間関係を何とかしようということでがんばるんだけれども、最終的に調停場面でどうなるかというと、間違いなくお金の問題に行き当たります。すると「これは何なの。何故なんだ。私がやっていることは一体何なんだろう」というように、家庭裁判所の最終の結論のところで、お金の話になって収まってしまうのはいったい何なのだろうと挫折感を味わうことになるんですね。そういう問題がある。それが二番目の問題になるかと思います。

それから宮城先生の報告をお聞きしまして、戦後（家庭裁判所は戦後にできたものですから）の西欧流人間関係の諸科学の研鑽を積んで、ずっとがんばって五〇年経つのですが、わが国の古い時代からの歴史的探究がなければ真の問題解決にならないということを、本研究会では身に滲みて知らせていただいた。おおいに私は感謝しています。そのへんで先生方にちょっとコメントをいただけたら大変ありがたいですね。

もう一点、奈倉先生にお聞かせいただきたいのです。老人の自殺率に関する統計で老人の家族形態で、家族同胞いっしょに暮らしているお年寄り、それから片一方をなくして一人で暮らしているお年寄り、カップルだけで生活しているお年寄りと三つに分けて、その自殺率を見ると、みんなといっしょに生活しているお年寄り、子ども孫と生活しているお年寄りが一番自殺率が高い。二番目が一人のお年寄り、すば抜けて低いのがカップルで生活しているお年寄りという調査結果がございます。そこで今日先生に教えていただきたいのは、共生ということ、共存ということをもう少し具体的に教えていただければ大変ありがたいのですが。

司会　どうもありがとうございます。いま東研究員の方から、具体的なとりまとめと問題提起をしていただいたんですけれども、一番最後の奈倉先生への質問を先にしてもらった方が、また新しい話ができるんじゃないかと思います。

奈倉　東先生からたいへん示唆に富んだお話しを聞かせて頂き、ありがとうございました。お年寄りの自殺が一番多いのは、家族と一緒に生活している人という。意外と思われるかも知れませんが、実は寂しくて自殺するのです。寂しいと言う言葉には二つある。アイソレーション（isolation）とロンリネス（loneliness）。どっちも日本語に訳すと「寂しさ」なんですけれど、ロンリネスと言うのは、独りぼっち。山の静かな湖で独りぼーっとしている。「ああ寂しいなあ」という、そういう独りぼっちの寂しさに対し、アイソレーションというのは、大勢のなかにいながら、孤立している状態なんですね。たとえば、息子もいる孫もいる。皆が楽しそうに話しているけど、私はその中に入れないとか、ちょっと口出しても皆が白い眼つきでにらみ、しらけてしまう。そんなときの「私」はすごく寂しいですよ。それはアイソレーションです。お年寄りにとってロンリネスというのはそんなにこたえない。独り暮らしの人に、「寂しいでしょう」と言うと、「とんでもない。こんなに楽しいことはない」という。ところが家族に囲まれているお年寄りに「おたくはお孫さんもいる。大勢の家族に囲まれて楽しいでしょうね」「ええ」と言いながら寂しそうな顔をされることがあります。これはアイソレーションを起こしているんです。ふれあいをもって生きる居場所がないのです。ロンリネスの寂しさであれば、街へ出るとか友だちのところに行ったら忘れられます。要するに、人のいる所に行ったらロンリネスは克服できる。しかしアイソレーションは自分の居場所がない。街に出ても家にいても、寂しくて、結局あの世に行くしかないということになるのではないでしょうか。

もう一つの与えられた課題。老夫婦で住んでらっしゃる人は自殺率が低い。これは共生による支えではないかという示唆に富んだ話ですが。そうなんです。ただし老夫婦でも共存の老夫婦だってあります。私は私、あんたはあんた。仲良くないけど一人では不都合。奥さんはだんなさんを用心棒のようなつもりでおいておこう。だんなさんは奥さんを飯炊きおばさんだと思っていこう。そういう共存の夫婦もあります。しかし夫婦はどちらも一人ではやれないことがある。二人いることによってお互い補いあえるというダイナミックな相互関係が育ってきます。共生で大事なのは、そういうダイナミックは、力動的な相互関係を持っているということだと思います。あんまり似た者夫婦であるよりは、少々違う、喧嘩したり言い合いが起こったりというぐらいの方が共生にはいいのではないでしょうか。

何を言っても、「そうだ、そうだ」では、それで終わっちゃいますけど、向こうがこう言えば、「いや、そんなことはない、こうだ」「いや、わしは違う」というように異質なものとのかかわり合いの中で新しいものが生まれていく。自分が変えられていく。弁証法的発展ですね。

仏教は弁証法的発展を目指しているんです。三法印という三つの大事な法則があります。その三つ目の「涅槃寂静」は弁証法的発展ですね。対立するものは相互に変化し合い、調和点に達すると安定する、という法則です。要するに仏教というのは、三宝印の第一の「諸行無常」を協調します。物事は移り変わっていく。だから同じであってはおかしい。昨日の私と今日の私は違います。今日の私は明日の私と違わなければおかしい。そのように変わっていくということと、もう一つ、私が私だけで絶対に存在することはあり得ない、縁起の存在として相互関係の中で他者あって私、私あって他者と言う相互関係の中で初めて存在しうるという三宝印の第二の「諸法無我」が大切です。この二つを踏まえるならば、異質なものは異質であることによってお互いかかわり合って、発展していくことが明らかになります。たとえば、AさんとBさんとは対立しているときに、Aの方にBを引き寄せて同化させてしまうとか、BがAを屈服させる。これはどっちも不満足。AがAとは違うCになり、BもBとは違うCになったときに、初めてそこに協調が生まれる。自分も変える、他も変える、もともと変わっていくのが当り前なんだから、変わることに執着すべきではない。変わっていくことによって新しい調和を産み出していこうというのが仏教なんですね。仏教の共生も、まさにそういう変わっていくことによって、お互いの間に協力関係を見い出そうというものです。老夫婦がそのような共生関係を満たすならば、毎日毎日が楽しい。退屈するということはないのではないでしょうか。

共存というのは、単に二つのものが存在する、たとえば利益を同じくすることによって結び付くというのが、共存だと思いますね。国と国とが共存するときは波風立たぬようにします。それに対して、対立関係があってもお互いがそのことで流動的になり、本当の結び付きを産み出していくのが共生です。自己改革、イノヴェーション (innovation)、これを仏教は目指しています。共存よりも共生を奨励したいと思います。ありがとうございました。

司会　今の奈倉先生のお話しを聞くと、やはり近いとしたら佐賀枝先生の喪失における回心ということではないかと思います。さきほどの東研究員からコメントをいただきましたが。いかがですか、佐賀枝先生。

佐賀枝　喪失と受容過程のところのショック期が一つの、大変な喪失体験をすると時間・空間とかが切れてしまったり、季節がはずれてしまったり、それは一つ保護反応みたいなものだとすると、その次に否認期が来るというのは、何故かというクエッションがあって、それは事実を事実として見ないことじゃないかなと思うのです。それが防衛反応という感じで位置づけるとすると、むしろ否認期に入り込んでしまうと長期化してしまうし、回心の機会を逃してしまうことになるのではないかと僕は思う。そこのところが具体的なカウンセリングとの手法の中で、展開できないかなと思います。

司会　ありがとうございました。宮城先生、今のところを含めまして、ご意見をお願いします。

宮城　共生という問題ですが、今日お話ししました『日本霊異記』の問題の中では、社会変動という中で、人々の求めてくる価値が非常に錯綜している。この錯綜がこれまでの家族の紐帯を打ち破ってしまうということを意味付けているのではないかと思う。そういう点で、仏教思想を受容することを通して、もう一つ違った家族関係を構築していこうという狙いがあったと思います。ただ『日本霊異記』の作者の景戒の説くところというのは、非常に現世利益的で、身近な、卑近な捉え方が多いわけでして、今、先生がおっしゃった哲学的なことは、全然出てこない所があります。その点で、現世社会の中でどう生きていくかという原動力を与えてくれるという意味があると思います。

司会　わかりました。予定時間が過ぎてしまったのですが、ちょっと延長します。桑原先生、何かコメントはございませんか。

桑原　宮城先生はご報告の中で老人虐待に触れておられました。つまり古代律令国家においても、家族による老人虐待の問題がおこっていた。そうすると老人虐待というのは、現代社会の病理現象ではなくて、かなり古くからあり、それは人間の属性、本質のようなものとして内在しているものであるかも知れません。

それからもう一つ、宮城先生のご報告と奈倉先生のご報告の交錯する部分で、宮城先生が褒章という制度を古代律令国家における統治者は活用していたということ、それと奈倉先生が同じように出産奨励政策のときに、子どもをたくさん産んだ者を表彰するということを行ったことに言及されました。現在介護責任を果たした嫁を表彰しております。表彰というのは財政的裏付けを必要としない効果的な施策であります。これを同じように現代社会で活用しているということです。私は財政の疲弊によってやむなくこういう方法をとったのかと考えておりましたが、これは古代から実施していた一つの政策であって、常套手段であろうと思います。そういう意味で福祉というものは人心収攬の普遍的な方法であり、その具体的な方策が表彰制度であると考えます。つまり、表彰によって困難を家族に背負わしていく。先ほど宮城先生が、援護には税は決して使わないとおっしゃいました。それは脈々として続く政策だったのかというのが私の受けた印象です。

それからもう一つ奈倉先生と佐賀枝先生のご報告に関連するところですが、佐賀枝先生は親孝行思想が無くなっていったとおっしゃったその後で、居場所の喪失に言及されました。その部分を意識の問題として、ここでは捉えておきたいと思います。それから同じように奈倉先生は、「迷惑をかけたくない、かけられたくない」という気持が高齢者を動かすとおっしゃいました。私はそれだけであろうかと思うのです。戦前あった遺産と扶養の交換的関係は、昭和民法によって切断されました。つまり均分相続、均分扶養になっていった中で老人が第一順位の扶養権利者でなくなっていった。妻と子が第一順位の扶養権利者となり、生活保持義務者である夫や父は、自己の生活程度を引き下げても相手に同じ程度の生活をさせねばならない。しかし、老親に対しては生活扶助の義務しかない。ですから自己の社会的地位に応じた生活を行って、余力があれば扶養する。そうしたことが高齢者に影響を与えることになる。また佐賀枝報告における居場所の喪失に連なるのではないか。そして家族制度の崩壊というものは、宮城先生のご報告にもありましたように、かなり古くから起こっている。そうしたことを喪失の受容過程で佐賀枝先生がおっしゃるように、認識していかなければならないのではないか。つまり喪失は深刻なものであり、これを否定して、共生したい、連帯したいと人は考えますが、それは混乱を導き、解決が非常に困難な問題ではないか。しかし、こうしたことを認識して、受容することから出発すべきではないか。そういうことも我われの高齢者離婚研究の基本にもあったのではないかと私は思いました。斬新な研究を聞かせて頂いて大変啓発を受けました。院生のみなさん、このお三方の研究をお聞きして、それぞれに発言をお願いいたします。

司会　それでは院生のみなさん、どうぞこれを機会に何か。その前に、新居研究員何かありませんか。

新居　ただ今お話に出ました「回心」ということで、能の「景清」を想起いたしました。「悪七兵衛」(強い人)と呼ばれ、かつて平家の剛の者であった景清の後半生の物語です。かれは落人として、九州日向で所の者(地域の人たち)のお扶侍(施与)で盲目の身の露命をつないでおります。当時のわが国は、身体障害者は容赦なく捨てられた時代であり、捨てられた者は乞食として、差別を生きねばならなかった。これは救済史の闇であると思いますが、景清もその立場を生きた一人であります。しかし彼は、武士としての過去の栄光を「物語」としてそれを「語る」ことで糊口の糧とする。喪失をバネとして、新生の道を体現したのではないかと考えます。また、昔捨てた娘が父の消息を聞いて訪ねてきてともに暮らす、つまり介護を申し出るがこれを峻拒する。これは、彼が己の乞食の境涯を地域の援助と己の「平家語り」としての生き方で貫こうとした意思表示であり、実存の誇示であると思われます。娘が訪ねてきたとき、「景清などという者は知らぬ」とすぐに追い返そうとしたのは、喪失を冷静に見極め、己の「老い」を生きようとした姿勢であり、「回心」による新生の顕示ではないかと考えます。

司会　今のお話は、日本古典芸能に見られる喪失と回心の問題として、現代の問題と対応さすべき大事な問題ですが、能のストーリーなどかなり詳しく聞かないとわかりにくいと思います。時間の都合で、残念ですが、この後また研究員と先生の座談会がありますので、そのときにお願いします。院生の方、どなたかどうぞ。

院生(高谷)　一番関心のあるところで、佐賀枝先生の喪失の諸相のところの意見なんですが、最後のところで、ショック期について述べられまして、何でショック期になるんだろうなと思いました。いろいろ障害の受容とか喪失感の受容という、私の専門ではないのですが、単純に障害を持った経験からなんで、受容の過程にショック期と否認期のあるのかということは、専門的には説明できないんですが、たぶんこういうのがないと正直言ってうまく生きられないのではないか。そこに逃げ込まないとやっていけない。マイナスの面でもあるんですが、とりあえずそこにいないと生きられない。それを通りこして生きてゆけるという、あるいは別の経路のあるという、そういうことができる割と非常に強いマインドを持った人ならできるかも知れないが、もともと障害がある人とか、そうじゃない人がはたして無しで次の時期に行けるのかというのが疑問なんですけど。いかがでしょうか。

佐賀枝　僕はバイパスではなくて悲嘆期みたいなものを想定しているんです。ですから、否認というのは代替、置き換えたりしますから、もう悲嘆だろうと思うのです。無いことも事実で、悲しむことが今の時代忘れられているのではないか。そういうことです。

院生（杉崎）　高齢者問題は歴史的なものであったということで、そういう中で日本に伝わった仏教は高齢者問題等にどうかかわってきたのかという、その辺、人のためにしたようなところがあるんでしょうか。現代における仏教だけでなくて、脈々と日本の宗教として貴族仏教とかいろいろあると思うのですけれど、その中で関係というのですか。

司会　これは私も宮城先生に大変聞きたかったところです。

宮城　高齢者という特に限定した方向はあまり見られないのではないか。『日本霊異記』の方を見てみますと、高齢というわけでなく、仕えるべき両親という設定があって、それに対する不孝がある。それに対して景戒のほうはいろいろな経典を使って、必死に仏教とのつながりを示して、サジェッションをする。そういう形で高齢者というより両親に対する孝ということを説こうとしている。父母恩重経など中国撰述経典には、そのようなところが強いといえます。インド撰述では、そうした家族というものをどの程度重視していたのか、それは吉元先生の方がご専門では。

司会　そうですね。これはやっぱり親鸞あたりまで来ないと、その問題についての対応というのは恐らくないと思うのですが、それ以降は確かに日本の仏教は遅ればせながら対応をしていますけども。近代がご専門の佐賀枝先生あたりが、大谷派とか、いろいろな諸宗派がそれぞれのところでどのような対応をしてきたかという研究をなされています。あと何かございますか。

院生（前田）　奈倉先生のご報告を聞かせていただいたのですが、実際そういう新たな営みを主体とした仏教では、仏教徒が、迷惑をかけたくない、かけられたくないという閉塞的家族に、どう介入していけるのか。ある意味で檀家制度を中心としたシステムといいますか、ハード面はキリスト教等に比べると根付いているのではないかと思うのですが。その意味で公的には介入はなかなか難しいわけですけれども、宗教という意味で介入していける土壌はあるのではないかと思うのですが、今後の展開・展望とに何かありますか。

奈倉　日本は仏教国というけれども、江戸時代からは儒教倫理が支配しているように思います。江戸時代は仏教が幕府の政策で歪められ、仏教のイノヴェイションの機能は、封建制の為政者にとっては恐いですから、抑えて僧侶にはもっぱら死者儀礼をさせました。だから、仏教がそういう本来の働きを失ったというと悪いかも知れませんが、抑制した形で今日まで来ていますから、学生に仏教学の講義で仏教の本質の話をすると、「へえ」という。祖先崇拝という儒教的な考えが仏教だと思っている。迷惑をかけたくない、かけられたくないとうのは、仏教からは出てこない。仏教はむしろ、ものごとの相互依存性を強調しますから、人はみなしょっちゅう迷惑をかけあっていることを自覚し、むしろ迷惑をかけられても快く支援していこう、私もかけながら生きているのだから、と考えます。閉鎖的家族関係は仏教に反します。仏教はむしろ開かれた自己、自己を開かれたものにしていくことを目指します。仏教には孤立化を否定していく役割がある。こうしたことを寺院をはじめとする、いろいろな所で生涯学習をやって強調すべきです。そして皆さんが共感を持って、仏教はそういう教えだと理解し、仏教をよりどころとして自己改革をしよう。家庭の改革をしようと思ってほしいですね。

仏教は啓示の宗教ではありません。キリスト教、ユダヤ教、イスラム教は神の啓示によって真理が示される啓示の宗教ですが、仏教は目覚めの宗教です。本来的には、こうあらねばならないとか、これを禁ずるというように強制しません。お釈迦様は「目覚めた人」です。宇宙の普遍的真理に目覚め、皆さんも目覚めなさい、というように呼びかけられました。そしてお釈迦様は体系的教義よりは対機説法で教化されました。つまり悩みや問題を持つ人がお釈迦様と対話する中で目覚めていくという教え方です。カウンセリングなんですね。対話していくうちに、一人一人が目覚めていく。「わかりました、お釈迦様。こうすればいいんですね」というようにそれぞれが目覚めて、自分に合った解決方法を見い出していく。そういうことを目指す宗教ですから、こうしなさいとか、こうあらねばならないとは言わない。便法として説くことはありますけど、本質的ではない。だからキリスト教のように、真理はこうだ。こうしなければ神の教えに反する。というような強力に相手を束縛していくことはしない。これからの仏教が力を発揮できるかどうかは、一つには人々が可能性というと、目覚めていこうという気持ちがあるかどうか、もう一つには、人々と共に目覚めていこうと働きかけていく情熱が仏教者の中にどれだけあるかによるのではないでしょうか。

東　私共の事例のケースをいくつか分析していった中で、共通認識といいますか、上がってきたものは、非常に大ざっぱに申し上げますと、現在特に家族の危機といえるものは、要は茫漠たる不安が源にあると考えたらいいわけで、茫漠たる不安はなぜおこるのかと考えると、それは囚われにある。何故囚われるのかということは、それは無明だから。無明から明への転換をはかることが、臨床仏教学的アプローチになりはしないか。そしてそのために、まさに自燈明、法燈明がある。自燈明まではよかったのですが、法燈明のところで困っていました。今日、法燈明は法つまり真理に基づいた協調性をもつことであるとお聞きして、「これだ」たいへん感銘を受けました。

司会　今の東研究員のお話が大体今日のシンポジュームのまとめということになると思うのですが、やはり宮城先生のご指摘どおりに、仏教が日本で中国的発想になってしまって、仏教が入ってきたけど、なかなか掘り起こしになれなかった。そのことをいみじくも奈倉先生がおっしゃったんですけれども、しかし仏教は本来福祉であるはずです。私も真にそのことを感じます。その中でも特に自己革新、それから自燈明、法燈明の協調性、これはまさに我われ仏教司法福祉研究会が目指しているそのことでありまして、仏教は福祉であるということを司法の現場の上に実証していこうというのが、我われの研究会です。時間になりましたので、まだお話ししたい方がいるかも知れませんが、終わったあと先生方に個人的に質問するなりしてください。大変長い間ありがとうございました。これをもって研究会を終了させていただきます。（拍手）

（一九九七年六月七日　於　龍谷大学深草学舎紫英館第四共同研究室　平成八年度日本火災財団ジェロントロジー研究助成　共同研究「高齢者の離婚事件と家族――仏教司法福祉実践試論――」研究会）

あとがき

本書は、もうかれこれ二〇数年来続けられてきた「仏教司法福祉研究会」という我われを中心とした共同研究の成果の中から比較的啓蒙的な論文や筆録を集めて編集したものである。司法福祉に仏教理念を活用するという萌芽的研究を行う契機となったのは、一人の英国の保護観察官からの真摯な問いかけであった。それは、今から二〇年以上も前、日本社会事業大学の吉田久一教授の許に留学していた「コーデリア・グリムウッド（Cordelia Grimwood）」という英国のソーシャルワーカーとの出会いに始まる。女史は欧米におけるキリスト教の理念に基づくソーシャルワークに限界のあることを実感し、それに代わる新しい理念として仏教理念に注目し、来日したものである。

女史が欧米のソーシャルワークの限界の指摘をなしえた背景には、英国のソーシャルワークには長い伝統があり、組織が整備されていたことが挙げられるであろう。英国では一九世紀後半において、慈善組織化運動の中でソーシャルワークが生まれた。その後、ソーシャルワークの技術を用いて、ケースの解決を図る中で、成功と失敗を繰り返しながら、対象者の援助方法を模索してきた。こうした英国のソーシャルワークの長い歴史が、ソーシャルワークに仏教理念を導入するという提言の背景にあったものと考える。

同女史との議論を通じて、我われは、ソーシャルワークの実務においてワーカーと対象者は「援助者」と「被援助者」であるという二元論に立つ限り、両者はそれぞれの立場に拘束されて、問題を解決することは不可能であることを認識した。このような考えは、今日とかく権威の下でのソーシャルワーク活動となりがちな司法福祉の現場においてとくに重要な視点となる。しかし、我が国の司法ソーシャルワークも、他のソーシャルワークと同じく欧米流のソーシャルワーク研究に依拠して実施されてきている。ところが、我が国の伝統文化は仏教思想を基盤として形成され、日本のソーシャルワーカーも当然その伝統文化の影響を受けているはずであると女史は指摘するのである。在日当時、女史は「仏教的伝統を生まれながらに身につけている日本のソーシャルワーカーが羨ましい」と口癖のように言っていた。

このような観点から、我われは同女史の研究論文の翻訳と紹介を試みた後、司法福祉の実務を中心にそこにおける仏教理念活用の可能性について共同研究を続け、学会等で発表してきた。それら学術論文をまとめて（一部に初出あり）編集し出版したのが、昨年四月に上梓した桑原洋子編『仏教司法福祉実践試論』（信山社・一九九九年）である。

しかし、この間に我われは学術論文ではないが、その研究の成果を新聞・雑誌や放送・講演等で発表し、それなりの評価を受けてきた。それらをまとめるとともに、欠落している部分を新たに執筆して、啓蒙的に編集したのが本書である。本書を嚆矢として、読者が新しい仏教司法福祉に興味を持ってくださることを期待したい。

なお、巻末に付録として我われ共著者以外の講演またはシンポジウム筆録を掲載したが、これらは我われの共同研究の一環として開催された研究会において報告されたものの筆録であるから、各報告者の了解を得て掲載したものである。掲載を快諾された各先生方に謝意を表するものである。

また、本書はその初出原稿（論文・筆録）の性格上、「である」調あり、「です・ます」調ありと表現が不統一であるが、論述の雰囲気や筆者の意図を損なわないため、そのままにしたので、御了承されたい。

本書編集に当たって、それぞれ大幅に書き直したり、増補してはいるが、初出原稿の典拠を一応示しておく。

序（桑原洋子）（初出）

1　司法福祉と社会保障法

1　社会保障法と刑事法

（桑原洋子「社会保障法と刑事法」日本社会保障法学会会報六（一九九九）。

2　研究の基礎は人間的感性にある

（桑原洋子「社会保障法」AERA MOCK『学問がわかるシリーズ』一六）

3　史的研究の必要性

（桑原洋子「社会保障法」社会保障法第一四号）

2　高齢化と司法福祉

1　高齢期に起こること　2　親の扶養　3　老人虐待と親族相盗例　4　相続廃除という「自立」　5　高齢期の自立と更生医療

（桑原洋子「よし笛」として『京都新聞』「地域ワイド滋賀」欄に一九九九年一月二九日号より連載）

3　高齢社会におけるソーシャルワーカーの役割

（桑原洋子「高齢社会におけるソーシャルワーカーの役割」特集「人と社会の関係を変化させていく」OPEN MIND No. 2（一九九八））

4　介護保険は社会保険か

（桑原洋子「介護保険制度と問題点」『本願寺新報』一九九八年三月一〇日、「介護保険は社会保険か」京都新聞滋賀版一九九九年十一月五日）

5　成年後見制度の実現にあたって

（東一英「成年後見制度の実現にあたって」愛知新城大谷短期大学研究論集　創刊号）

あとがき

6　古典芸能に見る老人の自立
（新居澄子「伝統芸能に見る老人問題――謡曲「景清」における老骨に残りし花――」明山和夫先生追悼論集『福祉と家族の接点』（法律文化社・一九九二年）pp. 150-162.）

7　自分探しの旅に出る――家庭事件を素材として――
（東一英（初出）一九九五年一一月二七日、京都家庭裁判所委員会における講演筆録）

8　司法福祉におけるカウンセリング導入の問題点
（吉元信行「更生保護会における処遇の現状と問題点」犯罪と非行 No. 14）

9　司法福祉現場に活きる仏教用語
（吉元信行（各項目執筆）『文芸春秋』平成四年六月号 p. 229.、九月号 p. 229.、一二月号 p. 261.、平成五年三月号 p. 261.、六月号 p. 295.、九月号 p. 213.、一二月号 p. 293.　平成六年三月号 p. 223.）

10　時代を走り抜ける子どもたち
（東　一英「ローリング族――時代を走り抜ける子供たち――」少年補導　三九五（一九八九年）pp. 28-33.）

11　ともに泣きともに拝む
（吉元信行（初出）一九九七年一〇月一九日、NHKラジオ第二放送「宗教の時間」講話筆録）

付　録

1　研究会講義：
意地・怨念・鎮魂
（佐竹洋人「意地・怨念・鎮魂」桑原洋子「平成五年度科学研究費補助金（一般研究C）研究成果報告書『司法福祉における仏教理念の活用』」平成六年三月）

2　シンポジウム：

高齢社会の到来と現代家族の危機（初出）
あとがき
吉元　信行（初出）

〈著者紹介〉

桑原洋子（くわはら　ようこ）

1931年生まれ
1953年　大阪女子大学社会福祉学科卒業
1956年　大阪市立大学大学院法学研究科修士課程終了
現在　皇学館大学社会福祉学部教授（博士法学）
〈主要業績〉
『日本社会福祉法制史年表』（編著，永田文昌堂・1988年）
『英国児童福祉制度史研究』（法律文化社・1989年）
『イギリス少年裁判所——児童と法律——』（訳書，日本評論社・1993年）
『女性と福祉』（信山社・1995年）
『日本社会福祉年表(2)—戦後編—』（編著，永田文昌堂・1999年）
『社会福祉法制要説』（有斐閣・1999年）ほか
『仏教司法福祉実践試論』（編著，信山社・1999年）

吉元信行（よしもと　しんぎょう）

1940年生まれ
1963年　大谷大学文学部仏教学科卒業
1967年　大谷大学大学院文学研究科修士課程修了（仏教学専攻）
1970年　大谷大学大学院文学研究科博士課程単位取得（仏教学専攻）
日本学術振興会奨励研究員等を経て
現在　大谷大学文学部教授（平成11年秋「藍綬褒賞」授与される。）
〈主要業績〉
『アビダルマ思想』（法蔵館・1982年）
『大蔵経全解説大辞典』（共編著　雄山閣・1998年）
『改訂増補・人間仏陀—仏跡・足跡と思想—』（文栄堂・1999年）
『原始仏教聖典パーリ語入門』（文栄堂・1999年）ほか

東　一英（あずま　いちえい）

1937年生まれ
1963年　大谷大学文学部哲学科（社会学専攻）卒業
京都家庭裁判所首席家庭裁判所調査官を経て
現在　愛知新城大谷短期大学教授
〈主要業績〉
「東洋の思潮と司法福祉—とくに仏教理念からの考察」研究展望—家調協ジャーナル　23（1995年）
「高齢者離婚事例に見る現代家族の危機」日本仏教社会福祉学会年報29（1998年）
「ローリング族　時代を走り抜ける子供たち」少年補導395号（1989年）
「いま少年たちは——どうしてすぐ「キレる」のか」中久郎・桑原洋子編『現代社会と社会福祉』（信山社，1998年）ほか

新居澄子（にい　すみこ）

1932年生まれ
1953年　大阪女子大学社会福祉学科卒業
現在　高野山大学講師，龍谷大学短期大学部講師
〈主要業績〉
「伝統芸能に見る老人問題—謡曲「景清」における老骨に残りし花」『福祉と家族の接点』（法律文化社・1992年）
「仏教司法福祉実践試論—高齢者離婚事件」（共同執筆）日本仏教社会福祉学会年報28号（1996年）ほか

司法福祉と仏教

2000（平成12）年３月10日　第１版第１刷発行

著　者　桑原洋子・吉元信行
　　　　東　一英・新居澄子
発行者　今　井　　貴
発行所　信山社出版株式会社
〒113-0033　東京都文京区本郷6-2-9-102
電話　03(3818)1019　FAX　03(3818)0344

Printde in Japan

印刷・製本／松澤印刷・大三製本

ISBN 4-7972-1900-9 C3032
1900-012-080-020
NDC分数-369･111

林屋 礼二
小野寺規夫
編集代表

民事訴訟法辞典

信山社

民事訴訟法

4647日本立法資料全集　別巻143
民事訴訟論綱（第2・3巻）高木豊三著　46000円　Ａ５変型 776頁 上製箱入り
213日本立法資料全集　本巻010
民事訴訟法［大正改正編］1　松本博之　河野正憲編著　48544円　菊変 500頁 上製箱入り
214日本立法資料全集　本巻011
民事訴訟法［大正改正編］2　松本博之　河野正憲編著　48544円　菊変 680頁 上製箱入り
215日本立法資料全集　本巻012
民事訴訟法［大正改正編］3　松本博之　河野正憲編著34951円　菊変 500頁 上製箱入り
216日本立法資料全集　本巻013
民事訴訟法［大正改正編］4　松本博之　河野正憲編著38835円　菊変 560頁 上製箱入り
217日本立法資料全集　本巻014
民事訴訟法［大正改正編］5　松本博之　河野正憲編著36893円　菊変 560頁 上製箱入り
218日本立法資料全集　本巻015
民事訴訟法［大正改正編］索引　松本博之　河野正憲編著　2913円　菊変 596頁 上製箱入り
252日本立法資料全集　本巻015A
民事訴訟法［大正改正編］（全6冊セット）松本博之　河野正憲編著　207767円
219日本立法資料全集　本巻043
民事訴訟法［明治３６年草案］（１）松本博之　河野正憲編著　37864円　菊変 554頁 上製箱入り
220日本立法資料全集　本巻044
民事訴訟法［明治36年草案］（２）松本博之　河野正憲著　33010円　菊変 462頁 上製箱入り
221日本立法資料全集　本巻045
民事訴訟法［明治３６年草案］（３）松本博之　河野正憲編著　34951円　菊変 514頁 上製箱入り
222日本立法資料全集　本巻046
民事訴訟法［明治３６年草案］（４）松本博之　河野正憲編著　43689円　菊変 624頁 上製箱入り
248日本立法資料全集　本巻047
会社更生法［昭和２７年］（１）位野木益雄編著　31068円　菊変 450頁 上製箱入り
249日本立法資料全集　本巻048
会社更生法（２）位野木益雄編著　33891円　菊変 496頁 上製箱入り
250日本立法資料全集　本巻049
会社更生法［昭和２７年］青山善充編著　47573円　菊変 700頁 上製箱入り
250日本立法資料全集　本巻049
会社更生法（３）青山善充編著　40000円　菊変　近刊 上製箱入り
251日本立法資料全集　本巻049A
民事訴訟法［明治36年草案］（全4巻セット）　松本博之・河野正憲著　149515円
253日本立法資料全集　本巻062
民事訴訟法［戦後改正編］（２）松本博之編著　42000円　菊変 608頁 上製箱入り
255日本立法資料全集　本巻063
民事訴訟法［戦後改正編］（３）松本博之編著　42000円　菊変 608頁 上製箱入り
265日本立法資料全集　本巻063
民事訴訟法［戦後改正編］（３）−1　松本博之編著　36000円　菊変 522頁 上製箱入り
254日本立法資料全集　本巻064
民事訴訟法［戦後改正編］（２）松本博之編著　42000円　菊変 608頁 上製箱入り
266日本立法資料全集　本巻064
民事訴訟法［戦後改正編］（３）−2　松本博之編著　38000円　菊変 544頁 上製箱入り
267日本立法資料全集　本巻065
民事訴訟法［戦後改正編］（４）−１　松本博之編著　40000円　菊変 580頁 上製箱入り
268日本立法資料全集　本巻066
民事訴訟法［戦後改正編］（４）−2　松本博之編著　3800円　菊変 532頁 上製箱入り

民事訴訟法

552 **民事紛争交渉過程論**　和田仁孝著　7767円　Ａ５変 300頁 上製箱入り
569 **多数当事者の訴訟**　井上治典著　8000円　Ａ５変 316頁 上製箱入り
630 **民事訴訟審理構造論**　山本和彦著　12621円　Ａ５変 430頁 上製箱入り
685 **国際化社会の民事訴訟**　貝瀬幸雄著　20000円　Ａ５変 640頁 上製箱入り
814 **民事紛争処理論**　和田仁孝著　2718円　Ａ５変 29頁 並製カバー
860 **裁判私法の構造**　三井哲夫著　14980円　Ａ５変 450頁 上製ＰＰ
904 **司法書士のための裁判事務研究・入門**　日本司法書士連編　5000円　４６変 33頁 並製
923 **和解技術論**　草野芳郎著　1942円 ４６変　164頁　並製
989 **民訴施行百年国際シンポ論文集（英文他）民訴法施行百年**　50000円　４６変 694頁 上製箱入り
1501 **韓国民事訴訟法**　金祥洙著6000円Ａ５変　344頁上製カバー
1516 **改正新民事訴訟法と関連改正法［原文］**　信山社 編　5000円　Ａ５変 276頁 並製表紙
1569 **証券仲裁**　金祥洙著　5000円　Ａ５変 184頁 上製カバーＰＰ
1588 **国際訴訟競合**　古田啓昌著　6000円　Ａ５変 323頁 上製箱入りカバーＰ
1659 **民事訴訟を支える弁護士**　那須弘平著　新堂幸司推薦文　近刊
1831 民事訴訟法論集（上）**訴訟物と既判力**　小室直人（松本博之）9800円　Ａ５変 448頁 上製箱入
1832 民事訴訟法論集（中）**上訴・再審**　小室直人（松本博之）12000円　Ａ５判変型 528頁 上製箱入
1833 民事訴訟法論集（下）**執行・保全・特許訴訟**　小室直人（松本博之）9800円 Ａ５変 上製箱入
1834 **民訴法論集（上）（中）（下）（3冊セット）**　小室直人著　31800円
1837 民事訴訟法論集１　**判決効と手続保障**　本間靖規著　近刊
1838 民事訴訟法論集２　**法人内部紛争法**　本間靖規著　続刊
1839 民事訴訟法論集３　**民事訴訟と損害賠償**　本間靖規著　続刊
2007 **新世代の民事裁判**　池田辰夫著　7000円　Ａ５変 263頁 上製カバー
2046 **対話型審理**　井上正三著　3689円　Ａ５変 416頁 上製カバー・栞入り
2085 **谷口安平論文集**第４巻（下）谷口安平著　近刊
2104 **紛争処理論**　和田仁孝著　2800円　Ａ５変 312頁 並製カバー
2109 **和解技術論**　草野芳郎著　2000円　４６変 164頁 並製
2120 **新民事訴訟法論考**　高橋宏志著　2700円　４６変 252頁 上製カバー
2124 **民事訴訟法・倒産法の現代的潮流1997年**　民事訴訟法学会国際シンポジウム
民事訴訟法学会編　8000円　Ａ５変型 312頁
5130 **民事裁判心理学序説**　菅原郁夫著　8571円　Ａ５正 366頁 上製箱入り
6701 **谷口安平民事訴訟論文集（全５巻）**　谷口安平著　近刊
9205 **論点国際民事訴訟法＆民事訴訟法の改正点**　馬越道夫著　3000円
9206 **講説民事訴訟法**　遠藤功・文字浩著　3400円　Ａ５変 368頁 並製カバーＰＰ
9223 **みぢかな民事訴訟法**　石川明編　2800円　Ａ５変 292頁 並製カバーＰＰ
5140 **民事訴訟法辞典**　林屋礼二・小野寺規夫 編集代表　2500円 432頁
27 **証明責任論**　竜嵜喜助著　6000円　Ａ５正 348頁 上製箱入り
2060 **証明責任の分配［新版］**　松本博之著　12000円　Ａ５変 460頁 上製箱入り
5062 **わかりやすい民事証拠法概説**　中野哲弘著　1700円　Ａ５正 108頁 並製
5063 **わかりやすい民事訴訟法概説**　中野哲弘著　2200円　Ａ５正 186頁 並製
5141 **あたらしい民事訴訟法**　林屋礼二著　1000円　Ａ５正寸 110頁 並製
2123 **上訴制度の実務と理論**　右田尭雄著　8000円　Ａ５変 34頁
3952 **再審原理の研究**　加波眞一著　7600円　Ａ５変 316頁 上製箱入り
0859 **国際民事訴訟法の基礎理論**　三井哲夫著　14544円　Ａ５判 470頁 上製

高《たか》橋《はし》則《のり》夫《お》　早稲田大学法学部教授
髙《たか》山《やま》佳《か》奈《な》子《こ》　成城大学法学部専任講師
田《た》口《ぐち》守《もり》一《かず》　早稲田大学法学部教授
只《ただ》木《き》　誠《まこと》　獨協大学法学部助教授
多《た》田《だ》辰《たつ》也《や》　大東文化大学法学部教授
田《た》中《なか》利《とし》幸《ゆき》　横浜国立大学経済学部教授
田《た》中《なか》　開《ひらく》　法政大学法学部教授
田《た》淵《ぶち》浩《こう》二《じ》　静岡大学人文学部助教授
津《つ》村《むら》政《まさ》孝《たか》　学習院大学法学部教授
寺《てら》崎《さき》嘉《よし》博《ひろ》　筑波大学社会科学系教授
土《ど》井《い》政《まさ》和《かず》　九州大学法学部教授
長《なが》井《い》長《ちょう》信《しん》　南山大学法学部教授
長《なが》井《い》　圓《まどか》　神奈川大学法学部教授
中《なか》空《ぞら》壽《とし》雅《まさ》　関東学園大学法学部助教授
長《なが》沼《ぬま》範《のり》良《よし》　成蹊大学法学部教授
中《なか》野《の》目《め》善《よし》則《のり》　中央大学法学部教授
*中《なか》森《もり》喜《よし》彦《ひこ》　京都大学法学部教授
鯰《なまず》越《ごし》溢《いつ》弘《ひろ》　新潟大学法学部教授
新《にい》倉《くら》　修《おさむ》　國學院大学法学部教授
*西《にし》田《だ》典《のり》之《ゆき》　東京大学法学部教授
西《にし》村《むら》秀《しゅう》二《じ》　富山大学経済学部助教授
野《の》村《むら》　稔《みのる》　早稲田大学法学部教授
橋《はし》田《だ》　久《ひさし》　京都産業大学法学部助教授
橋《はし》爪《づめ》　隆《たかし》　神戸大学法学部助教授
橋《はし》本《もと》正《まさ》博《ひろ》　一橋大学法学部助教授
林《はやし》　幹《みき》人《と》　上智大学法学部教授
林《はやし》　美《み》月《つ》子《こ》　神奈川大学法学部教授
林《はやし》　陽《よう》一《いち》　千葉大学法経学部助教授
久《ひさ》岡《おか》康《やす》成《なり》　立命館大学法学部教授
日《ひ》髙《だか》義《よし》博《ひろ》　専修大学法学部教授
平《ひら》川《かわ》宗《むね》信《のぶ》　名古屋大学法学部教授
平《ひら》田《た》　元《はじめ》　三重大学人文学部教授
平《ひら》良《ら》木《ぎ》登《と》規《き》男《お》　慶應義塾大学法学部教授
福《ふく》島《しま》　至《いたる》　龍谷大学法学部教授
福《ふく》山《やま》道《みち》義《よし》　福岡大学法学部教授
堀《ほり》内《うち》捷《しょう》三《ぞう》　法政大学法学部教授
前《まえ》田《だ》雅《まさ》英《ひで》　東京都立大学法学部教授
*町《まち》野《の》　朔《さく》　上智大学法学部教授
松《まつ》生《お》光《みつ》正《まさ》　姫路獨協大学法学部教授
松《まつ》代《しろ》剛《まさ》枝《え》　山形大学人文学部講師
松《まつ》原《ばら》久《ひさ》利《とし》　桐蔭横浜大学法学部助教授
松《まつ》原《ばら》芳《よし》博《ひろ》　九州国際大学法学部助教授
松《まつ》宮《みや》孝《たか》明《あき》　立命館大学法学部教授
丸《まる》山《やま》雅《まさ》夫《お》　南山大学法学部教授
三《み》島《しま》　聡《さとし》　大阪市立大学法学部助教授
水《みず》谷《たに》規《のり》男《お》　愛知学院大学法学部助教授
*三《みつ》井《い》　誠《まこと》　神戸大学法学部教授
宮《みや》城《ぎ》啓《けい》子《こ》　成城大学法学部教授
宮《みや》澤《ざわ》節《せつ》生《お》　神戸大学法学部教授
村《むら》山《やま》眞《まさ》維《ゆき》　千葉大学法経学部教授
守《もり》山《やま》　正《ただし》　拓殖大学政経学部教授
安《やす》田《だ》拓《たく》人《と》　金沢大学法学部助教授
安《やす》冨《とみ》　潔《きよし》　慶應義塾大学法学部教授
安《やす》村《むら》　勉《つとむ》　金沢大学法学部教授
山《やま》口《ぐち》　厚《あつし》　東京大学法学部教授
山《やま》田《だ》道《みち》郎《お》　明治大学法学部教授
山《やま》中《なか》敬《けい》一《いち》　関西大学法学部教授
山《やま》名《な》京《きょう》子《こ》　奈良産業大学法学部教授
山《やま》火《び》正《まさ》則《のり》　神奈川大学法学部教授
山《やま》本《もと》輝《てる》之《ゆき》　帝京大学法学部助教授
山《やま》本《もと》正《まさ》樹《き》　近畿大学法学部教授
*吉《よし》岡《おか》一《かず》男《お》　京都大学法学部教授
吉《よし》田《だ》敏《とし》雄《お》　北海学園大学法学部教授
吉《よし》田《だ》宣《のぶ》之《ゆき》　桐蔭横浜大学法学部教授
吉《よし》弘《ひろ》光《みつ》男《お》　九州国際大学法学部助教授
吉《よし》村《むら》　弘《ひろむ》　北九州大学法学部教授
米《よね》山《やま》耕《こう》二《じ》　一橋大学法学部専任講師
渡《わた》辺《なべ》　修《おさむ》　神戸学院大学法学部教授

編集・執筆者

（五十音順　＊印は編者）

愛《あい》知《ち》正《まさ》博《ひろ》　中京大学法学部教授
秋《あき》葉《ば》悦《えつ》子《こ》　富山大学経済学部助教授
浅《あさ》田《だ》和《かず》茂《しげ》　大阪市立大学法学部教授
荒《あら》木《き》伸《のぶ》怡《よし》　立教大学法学部教授
石《いし》塚《づか》伸《しん》一《いち》　龍谷大学法学部教授
井《い》田《だ》良《まこと》　慶應義塾大学法学部教授
伊《い》東《とう》研《けん》祐《すけ》　名古屋大学法学部教授
伊《い》藤《とう》渉《わたる》　東洋大学法学部助教授
指《いぶ》宿《すき》信《まこと》　鹿児島大学法文学部助教授
今《いま》井《い》猛《たけ》嘉《よし》　法政大学法学部助教授
岩《いわ》間《ま》康《やす》夫《お》　大阪学院大学法学部助教授
上《うえ》嶌《しま》一《かづ》高《たか》　神戸大学法学部助教授
上《うえ》田《だ》信《しん》太《た》郎《ろう》　香川大学法学部助教授
上《うえ》田《だ》寛《かん》　立命館大学法学部教授
植《うえ》田《だ》博《ひろし》　広島修道大学法学部教授
臼《うす》木《き》豊《ゆたか》　小樽商科大学商学部助教授
宇《う》藤《とう》崇《たかし》　岡山大学法学部助教授
梅《うめ》田《だ》豊《ゆたか》　島根大学法文学部助教授
大《おお》出《で》良《よし》知《とも》　九州大学法学部教授
大《おお》久《く》保《ぼ》哲《さとし》　久留米大学法学部教授
大《おお》越《こし》義《よし》久《ひさ》　東京大学教養学部教授
大《おお》塚《つか》裕《ひろ》史《し》　岡山大学法学部教授
大《おお》沼《ぬま》邦《くに》弘《ひろ》　成城大学法学部教授
奥《おく》村《むら》正《まさ》雄《お》　清和大学法学部教授
小《お》田《だ》直《なお》樹《き》　広島大学法学部助教授
甲《か》斐《い》克《かつ》則《のり》　広島大学法学部教授
香《か》川《がわ》喜《き》八《はち》朗《ろう》　亜細亜大学法学部教授
加《か》藤《とう》克《かつ》佳《よし》　愛知大学法学部教授
門《かど》田《た》成《しげ》人《と》　島根大学法文学部助教授
上《かみ》口《ぐち》裕《ゆたか》　南山大学法学部教授
川《かわ》出《いで》敏《とし》裕《ひろ》　東京大学法学部助教授
川《かわ》崎《さき》英《ひで》明《あき》　東北大学法学部教授
川《かわ》端《ばた》博《ひろし》　明治大学法学部教授
北《きた》川《がわ》佳《か》世《よ》子《こ》　海上保安大学校助教授
木《き》村《むら》光《みつ》江《え》　東京都立大学法学部教授
京《きょう》藤《とう》哲《のり》久《ひさ》　明治学院大学法学部教授
葛《くず》野《の》尋《ひろ》之《ゆき》　静岡大学人文学部助教授
葛《くず》原《はら》力《りき》三《ぞう》　関西大学法学部助教授
後《ご》藤《とう》昭《あきら》　一橋大学法学部教授
小《こ》山《やま》雅《まさ》亀《き》　西南学院大学法学部教授
近《こん》藤《どう》和《かず》哉《や》　富山大学経済学部専任講師
斎《さい》藤《とう》信《しん》治《じ》　中央大学法学部教授
斉《さい》藤《とう》豊《とよ》治《じ》　甲南大学法学部教授
齊《さい》野《の》彦《ひこ》弥《や》　北海道大学法学部教授
佐《さ》伯《えき》仁《ひと》志《し》　東京大学法学部教授
酒《さか》井《い》安《やす》行《ゆき》　国士舘大学法学部教授
酒《さか》巻《まき》匡《ただし》　上智大学法学部教授
佐《さ》久《く》間《ま》修《おさむ》　大阪大学法学部助教授
佐《さ》藤《とう》隆《たか》之《ゆき》　横浜国立大学経済学部助教授
佐《さ》藤《とう》美《み》樹《き》　高岡法科大学法学部助教授
椎《しい》橋《ばし》隆《たか》幸《ゆき》　中央大学法学部教授
塩《しお》見《み》淳《じゅん》　京都大学法学部教授
島《しま》伸《しん》一《いち》　駿河台大学法学部教授
島《しま》岡《おか》まな　亜細亜大学法学部講師
清《し》水《みず》一《かず》成《しげ》　琉球大学法文学部教授
洲《しゅう》見《み》光《みつ》男《お》　朝日大学法学部教授
白《しら》取《とり》祐《ゆう》司《じ》　北海道大学法学部教授
新《しん》屋《や》達《たつ》之《ゆき》　立正大学法学部助教授
鈴《すず》木《き》左《さ》斗《と》志《し》　学習院大学法学部助教授
瀬《せ》川《がわ》晃《あきら》　同志社大学法学部教授
関《せき》正《まさ》晴《はる》　日本大学法学部専任講師
*曽《そ》根《ね》威《たけ》彦《ひこ》　早稲田大学法学部教授
園《その》田《だ》寿《ひさし》　関西大学法学部教授
高《たか》田《だ》昭《あき》正《まさ》　大阪市立大学法学部教授

創立10周年記念
2000年 8 月刊行

刑事法辞典

編　集

三井　誠 町野　朔 曽根威彦

中森喜彦 吉岡一男 西田典之

信山社